*SAGGI*

MALALA YOUSAFZAI
con LIZ WELCH

# SIAMO TUTTI PROFUGHI

I miei viaggi e i miei incontri
con le ragazze di tutto il mondo
in fuga dalla guerra

*Traduzione di*
*SARA CARAFFINI*
*GIUSEPPE MAUGERI*
*CHIARA UJKA*

Garzanti

Prima edizione: gennaio 2019

*Per essere informato sulle novità del Gruppo editoriale Mauri Spagnol visita:*
www.illibraio.it

Traduzione dall'inglese di
Sara Caraffini, Giuseppe Maugeri, Chiara Ujka

Titolo originale dell'opera:
*We Are Displaced*

Per le carte geografiche alle pagine introduttive dei contributi di:
Zaynab, Sabreen, Muzoon, Najla, Marie Claire, Farah e occhielli della Prima
e della Seconda Parte: © Peter Hermes Furian/Shutterstock.com;
María, Analisa, Ajida: © dikobraziy/Shutterstock.com;
Zaynab, Jennifer: © pingebat/Shutterstock.com

ISBN 978-88-11-60441-9

© 2019, Garzanti S.r.l., Milano
Gruppo editoriale Mauri Spagnol

Printed in Italy

www.garzanti.it

# SIAMO TUTTI PROFUGHI

«*Nessuno lascia la propria casa a meno che casa sua non sia le fauci di uno squalo.*

*Fuggi verso il confine solo quando vedi l'intera città fuggire.*»

Warsan Shire, *Home*

Mentre passeggio per le strade di Birmingham insieme con i miei fratelli, mia madre e mio padre, indugio un istante per assaporare la pace. È tutt'intorno a noi, tra gli alberi che ondeggiano dolcemente nella brezza, nel rumore delle auto che vanno e vengono, nella risata di un bambino, in una ragazza e in un ragazzo che si tengono la mano esitanti, appena in disparte rispetto agli amici. Una pace che sento fin dentro le ossa. Ringrazio Allah per tutto: per il fatto che sono viva, al sicuro e insieme con la mia famiglia.

Rimango sempre molto colpita quando la gente considera la pace come qualcosa di scontato. Per me è un bene di cui essere grata ogni giorno. Non tutti ne possono godere. Milioni di uomini, donne e bambini vivono quotidianamente immersi nella guerra. La loro realtà è fatta di violenza, di case distrutte, di vite innocenti spezzate. Se vogliono salvarsi, non resta loro che partire. «Scegliere» di vivere come profughi. Non è un granché, come scelta.

Dieci anni fa, prima che qualcuno fuori dal Pakistan conoscesse il mio nome, ho dovuto lasciare la mia casa insieme con la mia famiglia e con più di due milioni di persone che abitavano la valle dello Swat. Non avevamo altre opzioni. Restare non era sicuro. Ma dove andare?

A soli undici anni ero già una profuga.


Per tutte le persone costrette a lasciare la propria casa a causa della violenza – uno dei primi motivi che spingono la gente a fuggire –, oggi sembra non esista un posto sicuro. Le Nazioni Unite contano nel mondo, alla data del 2017, 68,5 milioni di individui costretti a vivere da sfollati; di questi, 25,4 milioni sono considerati rifugiati.

I numeri sono così sconcertanti che quasi ci si dimentica che si tratta di persone forzate a lasciare le proprie abitazioni. Sono medici e insegnanti, avvocati, giornalisti, poeti, sacerdoti. E poi bambini, tanti bambini. La gente non ricorda più che eri un attivista, uno studente, un padre di nome Ziauddin, una figlia di nome Malala. I profughi che danno corpo a questi numeri sbalorditivi sono esseri umani che nutrono la speranza in un futuro migliore.

Ho avuto l'immenso privilegio di incontrare molte persone che hanno dovuto ricostruire la propria vita, in luoghi spesso del tutto estranei. Persone che hanno subito perdite dolorose, compresa quella dei propri cari, e che hanno dovuto ricominciare: imparando una nuova lingua, una nuova cultura, un nuovo modo di stare al mondo. Se condivido la mia storia di profuga non è per il desiderio di guardarmi indietro, ma per onorare le persone che ho incontrato e quelle che non incontrerò mai.

Ho scritto questo libro perché ho come l'impressione che troppa gente non capisca che i rifugiati sono persone normali. L'unica cosa che li rende diversi è che sono rimasti coinvolti in un conflitto che li ha costretti ad abbandonare le loro case, i loro cari e la sola esistenza che conoscevano, per rischiare tutto lungo la strada: e perché? Perché troppo spesso, la loro, è una scelta tra vivere e morire.

E, come ha fatto la mia famiglia dieci anni fa, hanno scelto di vivere.

Prima parte

# SONO UNA PROFUGA

## 1. LA VITA COME LA CONOSCEVAMO

Quando chiudo gli occhi e ripenso alla mia infanzia, vedo foreste di pini e vette innevate; sento i fiumi impetuosi e la quiete della terra sotto i piedi. Sono nata nella valle dello Swat, un tempo nota come la Svizzera d'Oriente. C'era anche chi la paragonava al paradiso, ed è così che ancora oggi la rivedo nei miei ricordi. Fa da sfondo a tutti i momenti più felici dell'infanzia: alle corse per strada; ai giochi sul tetto della nostra casa a Mingora, la città principale dello Swat; a quando andavamo a trovare i cugini e i parenti a Shangla, il villaggio di montagna in cui sono nati i miei genitori; a quando ascoltavo le chiacchiere di mia madre e delle sue amiche durante il tè del pomeriggio in casa nostra, mentre mio padre discuteva di politica con i suoi amici.

Ricordo mio padre parlare dei talebani, ma come se fossero solo una minaccia lontana. Già da bambina la politica mi interessava, perciò ascoltavo tutto ciò di cui parlavano gli adulti, anche se non sempre riuscivo a cogliere il senso di quanto dicevano. Al tempo, i talebani erano in Afghanistan, non in Pakistan. Niente che ci riguardasse. E, soprattutto, niente che potesse preoccupare me e il mio fratello più piccolo, Khushal. Quando poi è nato Atal, il maggiore dei miei crucci era il modo in cui sentivo che i miei fratelli si stavano impossessando della casa.

Le cose hanno iniziato a cambiare nel 2004. Avevo solo sei anni, perciò sulle prime non mi sono accorta di nulla. Quando ripenso a quegli anni, però, i miei ricordi si tingono della paura che deve avere invaso pian piano gli occhi dei miei genitori. Poi, cinque anni dopo, la mia adorata valle non fu più al sicuro e insieme con centinaia di migliaia di altre persone fummo costretti a lasciare la nostra casa.

È stato un processo graduale. Benché sembrasse che il paese stesse vivendo un periodo di progresso per le donne, la nostra regione invece pareva fare passi indietro. Nel 2003 mio padre aveva aperto la sua prima scuola superiore, dove ragazzi e ragazze frequentavano le lezioni insieme. Nel 2004, però, le classi miste non furono più consentite.

Il terremoto del 2005 ebbe effetti devastanti non solo per le distruzioni causate e il tributo elevato di vite umane – oltre settantatremila morti, diciottomila dei quali bambini –, ma anche per lo stato di vulnerabilità in cui gettò i sopravvissuti. Quando gli uomini di un gruppo estremista che aveva prestato aiuto a tanti che erano rimasti senza casa iniziarono a predicare dicendo che il terremoto era un monito di Dio, la gente diede loro ascolto. Ben presto quegli uomini, confluiti in seguito nelle file dei talebani, cominciarono a diffondere tramite le radio locali la loro interpretazione restrittiva dell'Islam, affermando che tutte le donne dovevano coprirsi il volto per intero e che la musica, la danza e i film occidentali erano peccaminosi; che gli uomini dovevano farsi crescere la barba e che le ragazze non dovevano più frequentare la scuola.

Questo non era il nostro Islam.

Quegli uomini erano fondamentalisti religiosi che sostenevano di voler tornare allo stile di vita di un tempo, un proclama che suonava ironico, considerando che per divulgarlo si servivano della radio, ovvero della tecnologia moderna. In nome dell'Islam, attaccavano il nostro stile di vita. Dicevano alla gente ciò che dovevano indossare, ascoltare, guardare. Soprattutto, cercavano di privare le donne di ogni diritto.

Nel 2007, i dettami si fecero più violenti e specifici: chiedevano che TV, computer e altri dispositivi elettronici venissero non solo banditi dalle case ma addirittura bruciati e distrutti. Sento ancora il fetore di plastica e cavi disciolti nei falò che allestivano. Con metodi aggressivi, dissuadevano le ragazze dall'andare a scuola, lodando pubblicamente i genitori che le tenevano a casa, nonché le ragazze stesse, e condannando quanti invece trasgredivano. Da lì a dichiarare che l'istruzione femminile fosse contraria all'Islam, il passo fu breve.

Come poteva essere contrario all'Islam andare a scuola? Per me non aveva alcun senso. Che cosa c'era, di preciso, di non islamico?

Benché in linea di massima la mia famiglia ignorasse questi ordini, pian piano iniziammo ad abbassare il volume della TV, per paura che da fuori qualche passante potesse sentirla.

L'appello a tenere in casa le ragazze agitava anche mio padre, Ziauddin. Dirigeva due scuole costruite dal nulla, una delle quali per ragazze. Sulle prime, per lui, questi estremisti rappresentavano un pensiero marginale: lungi dal sentirsi terrorizzato, era più che altro infastidito. Il suo attivismo era orientato alle questioni ambientali. Al ritmo a cui cresceva la nostra città, l'inquinamento dell'aria e l'accesso all'acqua potabile rappresentavano ormai un problema. Così, insieme con alcuni amici, aveva fondato un'organizzazione con lo scopo di salvaguardare l'ambiente e promuovere la pace e l'istruzione in tutta la valle dello Swat. Per molti stava diventando un esempio da seguire, per altri un sobillatore. La verità è che mio padre è animato da un profondo senso di giustizia e non può esimersi dal lottare per il bene della collettività.

Ma i talebani continuarono ad acquisire ogni giorno nuovi seguaci, espandendo il loro potere, finché la vita che conoscevamo non si ridusse a una collezione di ricordi felici.

Le parole *talebani* e *miliziani* entrarono di prepotenza

nelle nostre conversazioni quotidiane: non erano più esclusivo appannaggio dei notiziari. E in tutta la città di Mingora girava voce che questi miliziani si stessero infiltrando nella valle dello Swat.

In giro cominciai a vedere uomini con la barba lunga e il turbante nero. Uno di loro avrebbe potuto intimidire un intero villaggio. Stavano presidiando le nostre strade. Nessuno sapeva chi fossero esattamente, ma a tutti era chiaro che avevano a che fare con i talebani e che intendevano applicarne gli ordini.

Il mio primo vero contatto con i talebani avvenne mentre andavamo a trovare i parenti a Shangla. Mio cugino teneva in auto diverse audiocassette e ne aveva appena inserita una nel mangianastri quando, poco più avanti sulla strada, vide due uomini con i turbanti neri e i giubbotti mimetici far segno alle auto di fermarsi.

Estratta la cassetta, la passò a mia madre insieme con le altre. «Nascondile», sussurrò.

Mentre la nostra auto rallentava fino a fermarsi, mia madre infilò le cassette nella borsa senza dire una parola.

Entrambi armati di mitragliatrice, gli uomini avevano la barba lunga e lo sguardo feroce. Mia madre si coprì il viso con il velo, e la vista della sua mano che tremava mi accelerò i battiti del cuore.

Sporgendosi all'interno dell'abitacolo, uno dei due domandò: «Avete cassette o CD?».

Nel più assoluto silenzio, io e mia madre guardammo mio cugino scuotere il capo. Io ero terrorizzata all'idea che il talebano udisse il tonfo del mio cuore o notasse il tremito delle mani di mia madre. Quando infilò la testa nel finestrino posteriore, trattenni il respiro.

«Sorella», mi disse con voce dura. «Dovresti coprirti la faccia.»

"Perché? Sono solo una bambina", avrei voluto rispon-

16

dere. Ma il kalashnikov che gli pendeva dalla spalla mi impedì di parlare.

Finalmente ci fecero segno di andare, ma tutto l'entusiasmo provato nell'attesa di quella giornata sembrò ormai evaporato: durante l'ora seguente, nessuno aprì bocca. E le cassette rimasero nella borsa di mia madre.

La paura che andava crescendo tutt'intorno era ormai troppo vicina perché potessimo ignorarla. Presto sarebbero iniziate le violenze.

Avevo undici anni quando i talebani iniziarono a mettere bombe nelle scuole femminili in tutta la valle dello Swat. Gli attacchi avvenivano di notte, e questo, almeno, faceva sì che non causassero vittime; ma immaginate cosa volesse dire arrivare a scuola al mattino e trovarla ridotta a un cumulo di macerie. Tutto troppo crudele.

Avevano già cominciato a tagliare l'elettricità e a prendere di mira i politici locali. Poi vietarono i giochi per bambini. Ci è stato raccontato di miliziani talebani che, avendo sentito ridere i bambini nelle case, vi avevano fatto irruzione per distruggere i loro giochi. Giravano voci anche di attacchi alle stazioni di polizia e alle persone.

Ogni volta che venivano a sapere di qualcuno che aveva alzato la voce contro di loro, i talebani facevano pubblicamente i nomi alla radio. E non era così raro che la mattina dopo quelle persone venissero ritrovate morte in Piazza Verde, in centro città, magari con appuntate sul corpo una serie di note in cui si elencavano i cosiddetti peccati di cui si erano macchiate. La situazione diventò sempre più insostenibile. A un certo punto, non passava mattina senza la sua schiera di cadaveri allineati, tanto che la gente cominciò a chiamare quel luogo Piazza Insanguinata.

Tutto questo faceva parte della loro propaganda estremista. E, dal momento che stavano prendendo il controllo della valle dello Swat, questa propaganda sembrava funzionare.

Nonostante gli avessero raccomandato di smettere di pronunciarsi in favore dell'istruzione femminile e della pace, mio padre ignorò il consiglio. Piuttosto, tornava a casa ogni volta percorrendo una strada diversa, nell'eventualità che lo seguissero. Quanto a me, la sera presi l'abitudine di controllare che tutte le porte e le finestre di casa fossero ben chiuse prima di andare a dormire.

La notizia che l'esercito avrebbe mandato un distaccamento di truppe per proteggere la valle ci riempì di speranza. Tuttavia, questo significava al tempo stesso che la battaglia era sempre più vicina. I militari avevano una base a Mingora, vicino a casa nostra, perciò mi capitava spesso di sentire il ronzio delle pale di qualche elicottero fendere l'aria densa. Bastava alzare lo sguardo per vedere quei bestioni di metallo pieni di soldati in uniforme. Immagini che, proprio come quella dei miliziani talebani che giravano per strada impugnando una mitragliatrice, occuparono una parte così ingombrante della nostra vita quotidiana che i miei fratelli e i loro amici iniziarono a giocare a «esercito contro talebani», invece che a nascondino. Fabbricavano fucili di carta e si davano battaglia «sparandosi» l'un l'altro. Quanto a me e alle mie amiche, invece che scambiare inutili pettegolezzi e parlare delle nostre star del cinema preferite, ci raccontavamo storie di minacce di morte, domandandoci se un giorno ci saremmo sentite di nuovo al sicuro.

Questa era la nostra vita, ormai: qualcosa che nessuno di noi avrebbe mai potuto immaginare.

Le cose più spaventose divennero la norma. Sentivamo il fragore delle bombe e la terra tremare sotto i piedi. Più forte avvertivamo il tremore, più vicina era caduta la bomba. «Oggi è stata una buona giornata», ci capitava di commentare dopo un intero giorno in cui non si era udita nemmeno un'esplosione. E se una volta andati a letto non sentivamo armi da fuoco crepitare come petardi, allora, magari, riuscivamo anche a passare una nottata serena.

Com'era possibile che tutto questo stesse accadendo proprio nella nostra valle?

19

Verso la fine del 2008 i talebani emanarono un nuovo decreto: tutte le scuole femminili avrebbero dovuto chiudere entro il 15 gennaio 2009. In caso contrario, sarebbero diventate potenziali obiettivi di un attacco. Un'ordinanza, questa, cui avrebbe obbedito anche mio padre, dal momento che mai si sarebbe sognato di mettere a repentaglio la vita delle sue studentesse o di sua figlia.

All'epoca avevo iniziato a tenere un blog per la BBC Urdu che, in seguito, avrebbe contribuito a diffondere in tutto il mondo la nostra storia e la verità sull'attacco all'istruzione delle ragazze in Pakistan. Scrivevo di come il tragitto a piedi verso la scuola, un tempo una piacevole passeggiata, si fosse trasformato in una corsa nel panico.

E di come a volte, di notte, io e la mia famiglia ci stringessimo sul pavimento, il più lontano possibile dalle finestre, mentre sentivamo esplodere le bombe e il *ra-ta-ta-t* dei mitragliatori risuonare sulle alture intorno a Mingora. Quanto mi mancavano i nostri picnic su quelle stesse colline! Quello che un tempo era il nostro rifugio era ormai diventato un campo di battaglia.

All'annuncio del divieto, molte ragazze smisero di frequentare le lezioni o lasciarono la regione per proseguire gli studi altrove: la mia classe, composta inizialmente da ventisette studentesse, si ridusse a dieci. Io e le mie amiche, però, continuammo a frequentare la scuola fino all'ultimo giorno. Mio padre posticipò quelle che avrebbero dovuto essere le vacanze invernali perché potessimo andare a scuola il più a lungo possibile.

Quando arrivò il giorno in cui fu costretto a chiudere la scuola femminile, le sue lacrime non erano soltanto per le sue studentesse ma anche per le cinquantamila ragazze della regione cui era stato tolto il diritto all'istruzione: erano centinaia gli istituti obbligati a chiudere.

A scuola tenemmo un'assemblea straordinaria e alcune di noi fecero sentire la propria voce per condannare quanto stava accadendo. Quel giorno restammo lì il più possibile: giocammo alla campana e non mancarono le risate. A dispetto della minaccia incombente, eravamo bambine che volevano soltanto vivere come tali.

In casa nostra fu un giorno triste per tutti. Per me, comunque, la ferita era anche più profonda. Mettere al bando la scuola per le ragazze significava mettere al bando i miei sogni, porre un limite al mio futuro. Quale futuro avrei avuto, infatti, senza un'istruzione?

Trascorse quelle che avrebbero dovuto essere le nostre vacanze invernali, i miei fratelli tornarono a scuola mentre io rimasi a casa. Per scherzare, Khushal diceva che ci sarebbe rimasto volentieri anche lui, ma io non lo trovavo affatto divertente.

I talebani, intanto, continuavano a colpire gli edifici scolastici. In un post pubblicato sul blog della BBC pochi giorni dopo la chiusura della mia scuola, scrivevo: «Sono piuttosto sorpresa: visto che quelle scuole erano già chiuse, che bisogno c'era di distruggerle?».

Mio padre, dal canto suo, proseguiva la propria battaglia pubblica, e io decisi di dargli man forte, comparendo in TV e rilasciando interviste alla radio. Il divieto all'istruzione femminile era così impopolare che il capo dei talebani si lasciò convincere ad ammorbidirlo, tanto che a febbraio decise di revocare il bando fino alla quarta elementare. Benché io andassi in quinta, non potevo lasciarmi sfuggire l'occasione: così, insieme con altre mie amiche, mi finsi di un anno più piccola. Per alcuni mesi di rara felicità frequentammo quella che chiamavamo la nostra «scuola segreta».

Quando, non molto tempo dopo, l'esercito e i talebani siglarono un accordo, tirammo tutti un sospiro di sollievo. Ma la pace non attecchì mai veramente, e i talebani accrebbero il loro potere. Le cose precipitarono a tal punto che il 4 maggio 2009 le autorità governative annunciarono che tutti gli abitanti dello Swat dovevano abbandonare la valle. L'esercito stava pianificando un'imponente operazione militare contro i talebani. Prevedevano un vero e proprio conflitto armato, e per la gente del posto non sarebbe stato sicuro rimanere.

I miei famigliari si bloccarono davanti al notiziario come in stato di shock. Avevamo due giorni per andarcene.

Mentre mia madre scoppiava a piangere, mio padre se ne restava lì in piedi, scuotendo la testa. «Non succederà niente di tutto questo.»

Ma bastava semplicemente uscire da casa per vederlo con i propri occhi: stava già succedendo. Le strade erano invase da gente stipata nelle macchine e appesa alle portiere degli autobus. Chi fuggiva in moto e chi a bordo di un camion, chi in risciò e chi su un carretto trainato dai muli, ma tutti avevano la stessa paura negli occhi sbarrati. E siccome non c'erano a disposizione veicoli a sufficienza, a migliaia fuggivano a piedi, gli oggetti personali infilati in sacchetti di plastica, i bambini in braccio o sulle spalle, gli anziani dentro le carriole.

Mio padre, tuttavia, non aveva alcuna intenzione di andarsene. Continuava a ripetere di voler aspettare per vedere se la situazione fosse davvero così grave.

La tensione crebbe a tal punto che mia madre contattò un amico di mio padre, un medico. «Vieni subito. È impazzito. Vuole restare qui, siamo in pericolo!»

Il giorno stesso, un parente si precipitò in casa nostra per darci la notizia: un lontano cugino era rimasto vittima del fuoco incrociato tra l'esercito e i talebani.

Mia madre cominciò a fare i bagagli. Il mattino seguente saremmo andati a Shangla: saremmo diventati sfollati interni.

Benché non sia una persona emotiva, quel giorno non riuscii a trattenere le lacrime. Lacrime per la vita che ero costretta a lasciare. Temevo che non avrei mai più visto casa mia e i miei amici, e che non avrei più rimesso piede a scuola. Qualche tempo prima, un giornalista mi aveva chiesto come mi sarei sentita nel caso in cui un giorno avessi dovuto abbandonare lo Swat per non farvi mai più ritorno. Al momento l'avevo presa per una domanda ridicola, visto che non potevo nemmeno immaginare una possibilità di quel tipo, adesso invece eccoci lì a fare i bagagli, senza sapere se e quando saremmo tornati.

Mentre i miei fratelli imploravano mia madre perché portasse anche i loro pulcini (all'obiezione che avrebbero sporcato la macchina, Atal aveva suggerito che gli mettessimo un pannolino), presi alla svelta qualche vestito e riempii una borsa con i libri di scuola. Eravamo a maggio, e a fine giugno erano previsti gli esami. «Quando torniamo?» continuavo a chiedere. «Tra una settimana? Un mese? Un anno?» Ma nessuno mi dava risposte: erano tutti troppo occupati a fare i bagagli. E siccome non c'era spazio sufficiente, mia madre mi ordinò di lasciare i libri. Affranta, li nascosi in un armadio e recitai una preghiera silenziosa affinché tornassimo a casa prima possibile. A ogni modo, mia madre fu inflessibile anche con i miei fratelli.

Dal momento che non possedevamo un'auto, fummo costretti a dividerci per stiparci in quelle già piene di due amici. Io andai con la mia amica Safina e la sua famiglia, mentre gli altri andarono con un amico di mio padre. Così, quel giorno, ci unimmo alla lunga fila di macchine che lasciava Mingora. I talebani avevano reso inagibili molte strade, in alcuni casi arrivando persino a ostruirle con alberi abbattuti, e questo lasciava scarsissime alternative al convoglio in fuga: le poche strade praticabili erano così congestionate che le auto si muovevano praticamente a passo d'uomo. A un certo punto passammo davanti a un grosso camion che aveva una piccola piattaforma collegata alle ruote anteriori, non certo pensata per ospitare passeggeri: eppure vi sedevano due persone, che si tenevano aggrappate strette al cofano mentre il camion arrancava a fatica nel traffico. Finire sotto le ruote di un camion era preferibile alla prospettiva di rimanere a Mingora. Ecco cosa dovette scegliere la gente, quel giorno.

Dalla relativa comodità dell'auto stipata in cui sedevo, osservavo a bocca aperta quella marea umana. Donne con una borsa su una spalla e un bambino sull'altra. Persone che sembravano schiacciate dai pesi che trasportavano e altre, invece, che con sé non avevano nulla, nemmeno le scarpe ai piedi. Sulle auto a cinque posti si stringevano fino a dieci passeggeri; sui furgoni che potevano portarne dieci al massimo, arrivavano a starcene anche venti. Una donna aveva legato una sciarpa alle mani delle figlie, per essere certa di non smarrirle in quella calca.

Che razza di scelta era mai questa? Per la nostra regione era una specie di apocalisse. Noi e tutta quella gente non stavamo scegliendo un bel niente: volevamo soltanto sopravvivere.

Poiché la strada che prendevamo di solito per andare a Shangla era presidiata da un nutrito gruppo di miliziani talebani, fummo costretti ad allungare il tragitto. Evacuare i civili era l'unica opzione in mano all'esercito per sconfiggere i talebani senza causare un massacro tra la popolazione. Consapevoli della situazione, i talebani cercavano di impedirci la fuga in ogni modo, così da poterci usare come scudi umani.

Quel giorno riuscimmo a raggiungere Mardan, a circa centodieci chilometri di distanza. Benché avessero già allestito alcuni campi, per nostra fortuna trovammo ospitalità presso un amico di mio padre. Di quella prima notte fuori casa ricordo poco, se non la paura e la disperazione che mi attanagliavano. I miei pensieri erano un groviglio di domande senza risposta: che ne sarà di noi? La nostra casa sarà al sicuro? Perché è successo? È questa la nostra vita, adesso?

Mio padre continuava a ripetere che non sarebbe durata più di qualche giorno e che le cose sarebbero andate per il meglio, ma sapevamo tutti che non era vero.

Al mattino ci preparammo a proseguire verso Shangla. Mio padre, invece, sarebbe andato fino a Peshawar: una volta lì, insieme con tre suoi amici attivisti, avrebbe cercato di esercitare pressioni sul governo perché riportasse la pace nello Swat, così che tutti i suoi abitanti potessero farvi ritorno il più presto possibile. Voleva assicurarsi che tutti sapessero quello che stava succedendo nella nostra regione.

Lo abbracciai, trattenendo a fatica le lacrime. Avrei voluto fargli così tante domande: quando ci rivedremo? Te la caverai da solo? E noi, senza di te? Ma le parole mi si confondevano in gola, trasformandosi in fragorosi singhiozzi. Nel tentativo di soffocarli, affondai il viso nel suo petto.

«*Jani*», disse lui usando il mio nomignolo, che in persiano significa «mia cara», «ho bisogno che tu sia forte.»


Dopo tre giorni di spostamenti incerti, con una notte trascorsa in casa di generosi sconosciuti e un'altra in un albergo sudicio, ci toccò percorrere gli ultimi quindici chilometri a piedi, portandoci dietro tutti i nostri beni. Avevamo solo un desiderio: sentirci al sicuro e in un ambiente familiare. Fermarci, riposare: in vita mia, non avevo mai avuto tanta voglia di starmene semplicemente seduta.

Avevo undici anni, ero abbastanza grande per comprendere il motivo della nostra fuga. Atal di anni ne aveva cinque, e tutto quello che riusciva a capire era che *dovevamo* fuggire. Dopo un po', tuttavia, anch'io smisi di rimuginare, colmata dall'unica sensazione che Atal era in grado di avvertire: un'incredibile spossatezza.

Arrivati al villaggio, mi concessi finalmente di rilassarmi, vista la tensione in cui vivevo ormai da giorni, da quando cioè avevamo appreso dell'ordine di evacuazione. Ad accoglierci, trovammo braccia aperte e volti addolorati. Mio zio, il fratello di mio padre, fu il primo a parlare.

«I talebani sono appena stati qui», disse. «E nessuno può dire se torneranno.»

Troppo sfinita per versare altre lacrime, mia madre si limitò a scuotere il capo.

Nessun luogo poteva dirsi sicuro.

La casa di mio zio aveva i muri in pietra, il tetto in legno e il pavimento in terra battuta. E odorava proprio di terra, di bosco e di umidità. Chiusi gli occhi, cercando di assorbire il sentore del fango: mi faceva star bene, perché ne conoscevo il significato. Casa. Famiglia. E, almeno per un istante, pace.

I nostri famigliari si presero cura di noi. Facevamo la spola tra la casa del fratello di mia madre e quella del fratello di mio padre, così da non affollare troppo a lungo nessuna delle due. Stare dallo zio Ajab, il fratello di mia madre, mi piacque subito, perché la prima sera la sua primogenita, Sumbul, mi invitò ad andare a scuola con lei il giorno dopo.

Al risveglio mi preparai, felice all'idea di poter fare qualcosa che avesse una parvenza di normalità. Poi però mi accorsi che nel fare i bagagli avevo messo insieme abiti che non si abbinavano ai pantaloni. Vedendomi spaesata, Sumbul sorrise e mi diede in prestito una delle sue *shalwar kamiz*. Se prima, magari, l'avevo presa un po' in giro per i suoi abiti campagnoli, quel giorno non potei che esserle riconoscente.

Dopo colazione, c'inerpicammo per una buona mezz'ora lungo uno sterrato ghiaioso che risaliva la montagna. Avevo così tante domande sulla scuola di Sumbul, sui suoi amici, su quali fossero le sue materie preferite! Benché avessi il pensiero sempre rivolto a mio padre e a quanto stava succedendo nello Swat, l'idea di poter tornare a scuola mi riempiva di entusiasmo, tanto più che il motivo per cui ero lì erano quegli stessi talebani che avevano proibito l'istruzione femminile. Il pensiero di poterli sfidare, anche se avevo dovuto lasciare casa mia per colpa dei loro proclami, mi riempiva di gioia.

Benché fosse un anno più grande di me, seguii Sumbul nella sua classe e rimasi sorpresa nel constatare che a fronte di una dozzina di ragazzi c'erano solo altre due ragazze. Un altro aspetto che mi turbò fu vedere mia cugina e le sue compagne che si coprivano il volto all'arrivo del maestro: un gesto che mi guardai bene dall'imitare. Durante la lezione, nessuna di loro aprì bocca. Nessuna si sognò anche solo di alzare la mano. Al momento della pausa, mentre i ragazzi scappavano via di corsa, chi per uno spuntino, chi verso il bagno, le ragazze rimasero a parlare sottovoce lì dov'erano.

Ero sempre nel mio paese e con la mia famiglia, eppure mi sentivo terribilmente fuori posto. Parlavo a ruota libera e, quando il maestro fece il suo ritorno in classe, non abbassai lo sguardo. Non volevo mancargli di rispetto: volevo soltanto essere me stessa, sempre educata ma non per questo intimidita dagli altri. Facevo domande, come tutti i ragazzi, ma ero sempre l'ultima a essere interpellata.

Sulla via di casa, chiesi a Sumbul come mai non avesse parlato in classe. Per tutta risposta si strinse nelle spalle, perciò decisi di non insistere.


Era bello stare con la famiglia, ma il motivo per cui ci trovavamo lì non mi dava pace. Mingora sarebbe stata riconoscibile al nostro ritorno? I talebani si sarebbero ritirati? L'esercito sarebbe riuscito a scacciarli? E quali sarebbero state le conseguenze?

Le nostre giornate si susseguirono uguali per settimane. Andavo a scuola con Sumbul e poi, una volta a casa, facevo i compiti e leggevo o giocavo con mio cugino, aspettando con impazienza notizie da mio padre. Stare con i cugini mi piaceva – a Shangla venivo sempre volentieri –, ma adesso aveva tutto un altro sapore. Non si trattava di una visita; non avevamo idea di quanto tempo saremmo rimasti.

Mia madre aveva un cellulare Nokia, ma il segnale era così debole lì in montagna che per avere un po' di campo doveva salire su un masso nel bel mezzo di una radura. Cercava di chiamare mio padre tutti i giorni, ma non sempre riusciva nell'impresa.

Finalmente, dopo circa sei settimane, mio padre ci comunicò che lo avremmo potuto raggiungere a Peshawar senza correre rischi.

Il viaggio da Shangla a Peshawar non fu altrettanto difficoltoso – nessun posto di blocco dell'esercito, né talebani a farci segno di fermarci –, ma nemmeno rapido come speravamo.

Al nostro arrivo, trovammo mio padre ad attenderci davanti alla casa dell'amico che lo ospitava: le braccia tese, il volto raggiante, sembrava più magro ma era felice. Entrambi i miei fratelli saltellavano sul sedile, agitandosi per stabilire chi dei due sarebbe riuscito ad aprire più in fretta la portiera. Ci lanciammo tutti insieme in un abbraccio collettivo, e le mie lacrime, per una volta, furono di gioia. Eravamo insieme e in un luogo sicuro.


Passammo le settimane seguenti tra continui spostamenti, affidandoci alla generosità di amici e famigliari. Vivere da sfollati, oltre a tutto il resto, comporta anche il sentirsi un peso per gli altri.

Come milioni di altri sfollati, avevamo la nostra tessera per le razioni di cibo. E anche la gente un tempo benestante, magari proprietari di campi di grano, adesso faceva la fila per un sacco di farina.

Festeggiai il mio dodicesimo compleanno a casa di una zia a Haripur, la nostra quarta città in due mesi. Ma *festeggiare* non è la parola giusta, dal momento che non se ne ricordò nessuno. Quando ormai era passata mezzanotte, mio cugino mi portò una torta. Ma ormai non era più il mio compleanno, ed era evidente che nessuno ci aveva pensato. Mi aspettavo almeno una sorpresina, nonostante la situazione in cui versavamo, perciò ci rimasi male. Mi sembra sciocco, adesso, pensare alla povera, piccola Malala tanto in pena per il suo compleanno, mentre un sacco di gente non poteva permettersi nemmeno la comodità della casa di un parente. Ricordavo con nostalgia la spensieratezza con cui, un anno prima, avevo condiviso la torta con gli amici. Non chiedevo altro che di tornare a Mingora, nel posto che conoscevo come casa, prima che arrivassero i talebani.

Anche se avevo soltanto dodici anni, penso sapessi comunque che quella casa, ormai, esisteva solo nei miei sogni. Tuttavia, benché non ci fossero candeline da spegnere, chiusi gli occhi ed espressi un desiderio di pace.

Un giorno ci dissero che potevamo finalmente tornare a casa, e mi sentii quasi stordita. A volte desideri così tanto qualcosa che quando diventa realtà ti chiedi: «Ma è tutto vero?».

Mentre salivo sul sedile posteriore del pickup rosso di un amico di famiglia per sistemarmi accanto a mio padre, pensavo: "Sì, è proprio vero". Stavo tornando a casa! Al mio letto e ai miei libri. Ai miei amici e ai miei vicini. E a scuola!

Ma il percorso stemperò ogni entusiasmo, dando libero sfogo alla mia ansia. Lungo il tragitto, sfilavamo accanto a numerose abitazioni crivellate dai proiettili; altre ancora erano ridotte in macerie. Nonostante i segni di un conflitto recente, però, sembrava tutto tranquillo. Verso che cosa stavamo tornando? La nostra zona avrebbe avuto lo stesso aspetto di quei villaggi? Quanto tempo ci sarebbe voluto per rimettere a posto le cose? Il sole splendeva e il cielo, di un azzurro brillante, era screziato dalle nuvole. Cascate a me familiari precipitavano in crepacci accidentati, scintillanti ricordi di quello che un tempo era stato lo Swat.

Quando, ormai nei pressi di Mingora, il fiume si materializzò davanti a noi, mio padre rimase senza fiato. Guardando quel suo volto umido di lacrime, capii il motivo per cui sembrava così emozionato, e avvertii come una scossa al cuore. Doveva essere qualcosa di simile a quello che avevo provato nel ricongiungermi a lui a Peshawar. Qualcosa che definirei speranza.

E adesso so che la possibilità di sperimentare quella speranza, la speranza provata nel rivedere la mia città, è stata una fortuna che a tanta altra gente non è mai toccata. Ma la speranza durò poco, perché la città in cui stavo facendo ritorno non era la stessa che avevo lasciato.

Erano passati quasi tre mesi da quando eravamo partiti seguendo la fiumana di disperati che fuggivano in cerca di salvezza. Al nostro ritorno, invece, le strade erano deserte. Niente autobus, macchine o risciò. Nemmeno gente a piedi. Nel silenzio generale, si sentiva soltanto il motore del pickup soverchiare il tentativo di mio padre di trattenere le lacrime.

E nel silenzio la città ci mostrò il suo nuovo volto. Gli edifici che non erano ridotti in macerie portavano comunque i segni dei proiettili. Ovunque, abitazioni distrutte e auto abbandonate e bruciate. Nessuna traccia, invece, degli uomini mascherati le cui mitragliatrici avevano provocato una simile devastazione.

La vista dei danni inflitti alla mia amata valle mi spezzò il cuore, e la mia collera non poté che rivolgersi proprio a quella violenza che ci aveva costretti a una fuga precipitosa.

Più mi avvicinavo a casa, più cresceva il mio nervosismo. E se fosse stata bombardata? Giravano voci anche di saccheggi. Che cosa avremmo trovato? Mio padre aprì il cancello del nostro cortile, dove l'erba mi arrivava ormai alle ginocchia.

La casa, immobile, era esattamente come l'avevamo lasciata: solo un po' impolverata. Ogni cosa era al suo posto. Andati di corsa sul retro, i miei fratelli tornarono in lacrime: polli, galline e pulcini erano morti di fame. Quando vidi i loro minuscoli cadaveri spelacchiati, le ali aggrovigliate come in un ultimo abbraccio reciproco, deglutii un grumo salato di tristezza. Non mi aspettavo che i pulcini sopravvivessero, ma i loro scheletri lanuginosi sembravano simboleggiare qualcosa di molto più profondo.

Mi precipitai all'armadio della stanza degli ospiti: la mia borsa con i libri era lì, proprio dove l'avevo nascosta.

Sopraffatta dall'emozione, mi ritirai in camera mia per cercare di riordinare le idee. Eravamo a casa, i miei libri erano integri e i talebani spariti. Tutte buone notizie, pensai. Cos'era, allora, quell'amarezza che mi pesava sul cuore?

Più tardi, quel giorno, accompagnai mio padre a vedere in che condizioni era la scuola. Le strade, solitamente congestionate dal traffico, erano sgombre. La nostra città, un tempo brulicante di rumori, era silenziosa come un cimitero.

E se la nostra casa era rimasta intatta, capimmo immediatamente che l'esercito aveva utilizzato la scuola come base operativa. I banchi erano ribaltati su un fianco e, alle pareti, erano state praticate aperture abbastanza ampie per posizionare le mitragliatrici. Sul pavimento, carta sparpagliata ovunque e mozziconi di sigaretta schiacciati. Mentre ci spostavamo da un'aula all'altra, mio padre continuava a scuotere la testa, incredulo.

Nei giorni seguenti ricontattò il personale della scuola, e tutti si dissero desiderosi di tornare al lavoro. La gente aveva bisogno di una parvenza di normalità. Solo che, per raggiungerla, c'era tanto da fare. Eravamo di nuovo a casa, è vero, ma le sfide non erano finite. Quella a cui avevamo fatto ritorno era una zona di guerra: bisognava ricostruire le nostre vite e la nostra città.

Trovarci di nuovo a Mingora rappresentava già una vittoria. Tuttavia, per quanto fossimo felici di aver finalmente ritrovato la pace, non potevamo scrollarci di dosso la persistente sensazione di non essere realmente al sicuro.

Prima dell'evacuazione, i miliziani talebani giravano allo scoperto, per le strade. Adesso agivano in clandestinità, eliminando con atti terroristici mirati quanti osavano criticarli apertamente. Anche se non li vedevamo più, la loro guerra non era finita. Dismessi gli abiti consueti, i loro uomini potevano infiltrarsi ovunque: al mercato, davanti a una scuola, su un autobus. La loro organizzazione era stata smembrata, ma persistevano piccole sacche. Lungi dall'essere stati sconfitti, i talebani erano stati soltanto dispersi.

La vita tornò alla normalità. Le strade si riempirono di taxi e di risciò. I negozi riaprirono, così come le scuole e altre attività. Anche noi, mentre riallacciavamo i contatti con parenti e amici, ci preparavamo alla riapertura della nostra scuola. La tensione causata dal sapere che i talebani non erano spariti definitivamente sebbene fossero stati cacciati dallo Swat divenne parte della nostra esistenza quotidiana: a volte come un angosciato ronzio di sottofondo, tutto sommato ignorabile, altre – magari dopo la notizia di un attacco – come una sorta di panico che non era possibile tenere a bada.

Ripresi la mia campagna in favore dell'istruzione femminile. L'esposizione mediatica seguita al mio impegno contro il bando e alla mia attività sul blog mi aveva offerto un megafono da utilizzare a fin di bene. E, in effetti, le cose cominciavano a cambiare in meglio. Se quattrocento scuole (il 70 per cento delle quali femminili) erano state distrutte, molte erano già state ricostruite. E anche gli omicidi mirati erano in diminuzione. Poco alla volta, ricominciammo ad assaporare qualcosa di simile a una ritrovata sicurezza. I progressi erano di tale portata che, con il tempo, anche il cupo ronzio dell'ansia svanì, e i talebani divennero solo un pensiero marginale.

Le cose, però, non andarono come previsto. Pensavo che forse, terminati gli studi, avrei potuto dedicarmi alla politica per dare una mano alle ragazze del mio paese. Ma il 9 ottobre 2012 rimasi vittima di un attentato. I talebani mi presero di mira proprio perché mi ero battuta per l'istruzione femminile e la pace.

La storia di quello che accadde quel giorno è stata raccontata più volte, dunque eviterò di farlo anche qui. Tutto quello che voglio sappiate è che un'esperienza di quel tipo può avere due esiti opposti: o perdi completamente la speranza e finisci in frantumi, o diventi così resiliente che nessuno può più spezzarti.

La mia vita era cambiata di nuovo a causa di una circostanza fuori dal mio controllo. E anche se in quella occasione la violenza era rivolta unicamente contro di me, finì per colpire tutte le persone che avevo intorno. Portata a Peshawar e poi a Rawalpindi per i soccorsi immediati, una settimana dopo, mentre ero ancora in coma indotto, venni trasferita in aereo a Birmingham, in Inghilterra.

Non rammento nulla dell'attentato – il che è una fortuna – e nemmeno della settimana successiva. Ricordo solamente che stavo parlando degli esami con le mie amiche, sull'autobus della scuola, e che quando riaprii gli occhi mi trovavo in un ospedale.

Ero ferita, preda di un mal di testa martellante, e avevo perso l'udito da un orecchio e la capacità di muovere il lato sinistro del volto. Confinata in un letto, ero sola in una città straniera, con medici che sembravano conoscermi ma che invece io non conoscevo. Ero di nuovo una sfollata, con l'aggravante che per vivere dipendevo dalle macchine.

Eppure, non mi avevano spezzata.

Quasi tre mesi dopo esserci arrivata in aereo dal Pakistan, finalmente lasciai l'ospedale per iniziare la mia nuova vita. La prima cosa che mi colpì fu il freddo: era così tagliente da penetrare il parka viola donatomi da chissà chi. In quella giacca di due taglie più grande della mia, mi sentivo come una bambolina. Infilandosi nel collo e dalle maniche, l'aria gelida si faceva strada fino alle ossa. Pensavo che non sarei più riuscita a scaldarmi. Il grigiore del cielo proiettava un riverbero fioco, quasi cupo, sulla neve che spolverava di bianco il terreno. Sentivo forte la nostalgia per il calore e il sole di casa.

Attraversammo le strade di Birmingham fino all'edificio in cui, dopo aver trascorso diverse settimane in albergo, si erano trasferiti i miei genitori. L'operoso trambusto di Birmingham mi ricordava un po' Islamabad, anche se i grattacieli erano così alti che solo a guardarli veniva il capogiro. Certi edifici rilucevano di insegne al neon che pulsavano di mille colori, mentre altri erano come ricoperti di specchi e sembravano avvolti nella stagnola.

Anche le persone erano diverse tra loro: un mix di bianchi, mulatti e neri, europei, asiatici e africani. Lungo le strade spazzate dal gelo, donne in burqa camminavano accanto ad altre in minigonna, la pelle d'oca sulle gambe nude, ai piedi scarpe dai tacchi impossibili. Risi tra me e me ricordando di aver considerato le donne che andavano in giro per Islamabad progressiste solo perché non indossavano il velo!

I miei famigliari erano venuti a Birmingham con i vestiti che avevano addosso e nient'altro. Non c'era stato il tempo di passare da casa; inoltre, non sarebbe stato sicuro tornarci. E questo significava dover ripartire da zero in un mondo completamente diverso dal nostro. A cominciare dall'appartamento. Per poter mangiare in casa, i miei genitori dovettero acquistare piatti, pentole e posate. Una circostanza che in Pakistan avrebbe fatto la felicità di mia madre! Le piaceva tanto comprare cose belle per la sua cucina a Mingora, ma nel nuovo appartamento, così diceva, aveva come l'impressione di non possedere niente. Non avvertiva alcun senso di appartenenza: si sentiva una straniera in terra straniera.

Pareva fossimo sbarcati sulla Luna: tutto sembrava diverso, persino gli odori e le sensazioni. Per arrivare al nostro appartamento bisognava prendere l'ascensore. Io c'ero stata solo una volta con mio padre, l'estate prima, però quantomeno avevo già sperimentato cosa significasse sentirsi sollevare da una cabina di metallo. Per mia madre, però, era come salire su un'astronave. Ogni volta che ci saliva, chiudeva letteralmente gli occhi e recitava una preghiera sottovoce. Poi, ormai al sicuro nell'appartamento, la sentivo parlare da sola. «Siamo in cima al palazzo! Dove andiamo se c'è un incendio o un terremoto?» In Pakistan, non avremmo dovuto fare altro che uscire da casa. A mia madre piaceva la sicurezza che dava la terra.

Quei primi giorni a Birmingham mi riportarono alla memoria il periodo vissuto da sfollata in Pakistan, solo che i volti, il cibo e la lingua erano diversi. Stavamo bene e c'era gente che si prendeva cura di noi, ma tutto questo non era frutto di una nostra scelta, e avevamo nostalgia di casa.

All'inizio pensavo che il nostro soggiorno a Birmingham sarebbe stato temporaneo. Che sarei tornata sicuramente in Pakistan per sostenere gli esami a marzo. Ignoravo che le minacce nei miei confronti non erano cessate. I miei genitori non volevano spaventarmi.

Marzo venne e passò, e io ovviamente persi gli esami. Tuttavia, ero ancora convinta che sarei tornata presto, per ricongiungermi alle mie compagne di classe. Questa sensazione, la persuasione che tutto fosse soltanto temporaneo, era la stessa provata in ospedale, senza però il terrore di non sapere dove fosse la mia famiglia. Poi, ad aprile, mi iscrissi a una scuola femminile e iniziai a digerire il fatto che, forse, da quel momento Birmingham sarebbe stata casa mia.

Dovevo abituarmi a un sacco di cose, a cominciare dal prurito dei collant blu scuro sotto la lunga gonna di lana. Quanto mi mancavano la comodità e la praticità della mia *shalwar kamiz*! L'enorme edificio scolastico, tutto in pietra, si sviluppava su tre piani, e altrettante rampe di scale, una rossa, una blu e una verde, conducevano in punti diversi dei vari stabili collegati da corridoi e persino da ponti. Un vero e proprio labirinto. Mi ci vollero settimane per capire come orientarmi.

In classe, nessuno poteva sapere quanto mi sentissi fuori luogo. Tra una lezione e l'altra, però, o durante i periodi di studio e all'ora pranzo, mi era impossibile dissimulare. Erano quelli i momenti in cui mi sentivo più sola: non sapevo cosa dire alle altre ragazze che, sedute sempre in gruppetti, ridacchiavano o alzavano gli occhi al cielo. Fingevo di leggere qualsiasi libro avessi con me, mentre la nostalgia di Moniba, Malka-e-Nur, Safina e di tutte le mie amiche a Mingora mi rodeva lo stomaco, insistente come una fame che non c'era modo di saziare. Le ragazze, a Birmingham, sembravano così diverse dalle mie amiche! I loro atteggiamenti, quel modo di parlare a raffica come se le parole fossero incollate una all'altra... Non sapevo se fosse il caso di presentarmi e tentare di parlare con loro. O forse dovevo attendere che mi invitassero? Si aspettavano che ridessi alle loro battute? O che ne facessi io? Spesso usavano termini che io non mi sarei mai sognata di pronunciare. Avrei dovuto unirmi a loro? Dire parolacce? Ridere a comando?

Cercare di capirci qualcosa mi stremava a tal punto che non vedevo l'ora che la campanella segnalasse la fine delle lezioni. Nella nostra nuova casa, almeno, potevo parlare in pashtu con la mia famiglia e prendere in giro i miei fratelli. Chiacchierare con Moniba via Skype e guardare le *soap opera* indiane con mia madre. Erano questi i miei unici momenti di conforto.

Continuavo a non accettare il fatto che per me sarebbe stato difficile tornare in Pakistan. All'epoca, ero già venuta a sapere che i talebani mi avevano di nuovo minacciato pubblicamente, ma in cuor mio, giovane e piena di speranze com'ero, sapevo che un giorno sarei tornata. Quindi, benché mi abituassi sempre di più a Birmingham, coltivavo pur sempre l'idea che si trattasse solo di una parentesi temporanea, e non dell'inizio della nostra vita in esilio. Era come se le due sensazioni coesistessero.

Se c'era qualcosa che mi teneva su il morale erano le migliaia di lettere che ricevevo da tutto il mondo, in particolare da donne e ragazze che mi ringraziavano per aver difeso i loro diritti. Quelle lettere furono fondamentali perché arrivarono in un momento in cui ero sul punto di prendere una decisione importante: proseguire o meno la mia lotta per l'istruzione femminile. Fu proprio in quel periodo che compresi fino a che punto i talebani avevano fallito nella loro missione: invece di mettermi a tacere, avevano fatto sì che la mia voce valicasse i confini del Pakistan. Persone da tutto il pianeta si dicevano desiderose di supportare la causa che tanto mi appassionava; volevano sostenermi ed erano pronte ad accogliermi. Fu tutto questo consenso a spingermi a continuare la mia battaglia.

Da allora, ogni volta che mi chiedevano: «Che cos'hai in progetto di fare?» rispondevo: «Continuare a lottare per il diritto all'istruzione delle ragazze». Iniziato in Pakistan, il mio percorso di attivista sarebbe continuato anche nella mia nuova casa.

Seconda parte

# SIAMO TUTTI PROFUGHI

Io non sono una rifugiata. Ma so che cosa significa essere profughi, dover lasciare la propria casa, spesso anche il proprio paese, perché rimanere è diventato troppo pericoloso. Quando penso ai rifugiati e ai profughi, penso alla resilienza, la capacità di adattamento. Il coraggio. L'eroismo. Penso al mio primo viaggio, nel 2014, fino al campo profughi Zaatari in Giordania, e a tutti i siriani che incontrai al confine. Erano arrivati alla fine della loro terribile odissea, ma solo all'inizio delle loro vite nuove e incerte. Penso a Muzoon, María e Marie Claire. Penso a Najla e Zaynab. Sono solo alcune delle donne e ragazze straordinarie che ho conosciuto e che mi hanno indotto a scavare più a fondo nella mia storia di profuga per poter comprendere e condividere le loro.

Molti credono che chi emigra dovrebbe provare due soli sentimenti: gratitudine verso il paese che offre asilo e sollievo per essere in salvo. Credo che chi pensa così non comprenda il groviglio di emozioni che suscita il dover abbandonare tutto ciò che si conosce. Chi lascia la propria casa non sta solo fuggendo dalla violenza – questo è il motivo principale che porta a scappare ed è quel che fa notizia sui giornali –, ma sta anche perdendo la propria patria e tutto ciò che ama. Spesso, quando si parla di emigranti e di profughi, la cronaca dimentica che costoro hanno detto addio a tutto ciò che avevano e dedicano attenzione solamente al luogo in cui si trovano in quel momento, non a ciò che hanno perduto.

Sono profondamente grata alla Gran Bretagna per il caloroso benvenuto che io e la mia famiglia abbiamo ricevuto. Tuttavia, non passa giorno senza che senta nostalgia della mia casa. Mi mancano i miei amici e il gusto del tè pakistano che bollivamo in un pentolino con il latte e a cui aggiungevamo lo zucchero. Mia madre qui cucina riso e pollo, il mio piatto preferito, ma in Pakistan aveva un sapore diverso. Non riesco a spiegarlo, posso solo dire che lì ha più gusto. Lo stesso vale per il pesce, che da noi è sottile e viene fatto rosolare con le spezie. Tutta un'altra cosa rispetto al *fish and chips* per il quale tutti qui in Inghilterra vanno matti. Tutti tranne me! Mi mancano i suoni della lingua pashtu e l'odore della terra dopo una forte pioggia nel villaggio di montagna dove vivono i miei nonni. Mi manca il verde rigoglioso della valle dello Swat, il luogo che ho chiamato casa per i primi quindici anni della mia vita.

Di sicuro, però, non mi manca la paura che mi toglieva il fiato ogni volta che vedevo i miliziani talebani nelle strade di Mingora, né l'impulso di controllare e ricontrollare per tutta la notte che la nostra porta d'ingresso fosse ben chiusa quando avevo dieci, undici e dodici anni, all'epoca in cui la nostra valle smise di essere un luogo sicuro, né mi manca l'attesa di mio padre a mezzanotte, quando rientrava dopo gli incontri con gli amici oppositori del governo talebano. Il mio stomaco si chiude al solo ricordo di quelle notti buie, che trascorrevo sveglia nel mio letto pregando che lui tornasse sano e salvo.

Non mi mancano i rumori della mia città sotto assedio: gli elicotteri dell'esercito che ronzavano sopra la nostra casa, le esplosioni che ogni giorno si facevano sempre più forti e vicine, prima che il governo desse finalmente l'ordine di evacuazione.

Mi manca, però, la mia casa. E riconosco questo contrasto di emozioni nelle storie delle ragazze e delle donne che incontro. Non ho mai pensato a me stessa come a un avvocato «globale» dei rifugiati. Quando vado a visitare un campo, mi siedo con la gente e chiedo che mi raccontino le loro storie. È proprio così che è cominciato, ascoltando. E tutti hanno un elenco di rumori e odori e sapori di cui sentono la mancanza, un elenco di persone alle quali non sono riusciti nemmeno a dire addio. Per tutti loro ci sono parti del viaggio che non dimenticheranno mai, e volti e voci che desiderano riuscire a ricordare.

Ho condiviso la mia storia per rendere onore alle ragazze che ho incontrato. A dire il vero, non ho molta voglia di continuare a raccontarla, perché ho deciso di vivere nel presente e concentrarmi sul futuro. Tuttavia, so che la gente è interessata al mio passato e se, raccontandolo, posso ricevere attenzione e trasferirla su chi ne ha più bisogno, be', lo farò. Sono parte di quella grande massa di esseri umani che non hanno avuto altra scelta che abbandonare le loro case. E, tutte assieme, le nostre storie si estendono per il mondo anche se sono radicate nei nostri cuori.

# Zaynab

## PERCHÉ IO E NON LEI?

*Yemen – Egitto – Minnesota*

*A Minneapolis, durante un tour di presentazione del film sulla mia vita, Malala, ho incontrato una giovane donna davvero eccezionale. Era una proiezione riservata per un gruppo di ragazzi e alla fine rimasi a parlare con loro. Chiesi che mi raccontassero le loro storie. Tra le ragazze che quel giorno condivisero con me il loro passato, una si distinse in particolare, Zaynab, che mi colpì per la forza della sua determinazione. Scoprii che, nonostante non fosse potuta andare a scuola per due anni a causa della fuga dalla guerra, Zaynab si era appena diplomata con ottimi risultati. A sua sorella Sabreen, invece, toccò un'esperienza diversa, non perché fosse meno intelligente o meno determinata. Zaynab ottenne un visto e si trasferì negli Stati Uniti. Sabreen non ebbe la stessa fortuna.*

*Malala*

Ancora non so perché a me fu concesso il visto per recarmi negli Stati Uniti e a mia sorella minore no. Quando partii per Chicago avevo diciotto anni; lei ne aveva sedici e rimase a casa.

Accomiatarmi da Sabreen all'aeroporto del Cairo fu molto doloroso. Avevamo già perso così tanto! Eravamo partite insieme dallo Yemen due anni prima, perché rimanere in quel paese era diventato troppo pericoloso. Avevamo vissuto per quei due anni con alcuni lontani parenti in Egitto, mentre aspettavamo di ricevere i visti. E ora io stavo per salire su un aereo che mi avrebbe portata negli Stati Uniti, e lei no. Era il dicembre del 2014 e da allora non ho più visto mia sorella. La nostalgia che provo – di lei, dello Yemen, di com'era la nostra vita prima della violenza – è così forte che a volte mi sento sopraffatta, è un dolore che rende la mia vita da rifugiata negli Stati Uniti un po' più amara.

Tuttavia so di essere fortunata: quando arrivai in America, c'era una casa che mi aspettava, nonostante non l'avessi mai vista prima. Al mio arrivo, infatti, ritrovai mia mamma, che non vedevo da quattordici anni.

Il mio primo giorno di scuola a Minneapolis fu un venerdì. Ero arrivata negli Stati Uniti solo da una settimana e non parlavo ancora nemmeno una parola di inglese. Quella mattina faceva così freddo che mi avvolsi la sciarpa attorno al viso in modo da lasciare scoperti solo gli occhi, che pensavo si sarebbero trasformati in due cubetti di ghiaccio. Non avevo mai sentito un tale freddo in tutta la mia vita; non avevo idea che potesse esistere un clima del genere. Il vento s'infilava dentro la mia nuova giacca invernale che la mamma mi aveva comprato solo il giorno prima. Avevo così freddo che, temevo, il mio sangue si sarebbe congelato mentre percorrevo il breve tratto dall'autobus alla scuola. Ricordo ancora la sensazione di sollievo che provai appena entrata nell'edificio: davvero un caldo benvenuto.

E fui ancora più felice quando incontrai molti ragazzi e ragazze musulmani! L'immagine che avevo degli Stati Uniti era di un paese abitato solo da bianchi; vidi invece una ragazza somala che indossava uno splendido *hijab* verde e un'altra uno rosso e poi un'altra uno blu. Fu come vedere l'atrio della scuola attraversato da un vibrante arcobaleno.

Quando andai in segreteria per ritirare il libretto e l'orario delle lezioni, provai un misto di eccitazione e timore reverenziale. La scuola era enorme e costituita da più edifici, e non riuscivo a trovare la mia classe: al piano di sopra? Di sotto? E in quale edificio?

Individuai qualcuno che pensai potesse aiutarmi e, disperata, gli mostrai il libretto. Mi disse di chiamarsi Habib e io sorrisi, perché il suo nome significa «amato» in arabo, un buon segno.

Habib mi condusse nella prima aula, dove l'insegnante mi presentò: «Questa è Zaynab ed è appena arrivata dall'Egitto». Non sapevo che cosa dire, perciò rimasi in silenzio.

Ma subito una ragazza mi chiese, nella mia lingua: «Allora parli arabo?» e sentii lo stomaco, strizzato fin dalla prima mattina, rilassarsi di colpo.

Si chiamava Asma, era nata in Somalia, lo stesso paese di mia mamma, ed era cresciuta in Egitto. Rimase accanto a me per tutto il giorno, mi fece da guida e interprete e in breve divenne la mia migliore amica.

Poco dopo incontrai un ragazzo, Abduwalli, originario dello Yemen. Aveva lasciato il suo paese prima della rivoluzione, il che significava che si era risparmiato i morti e i bombardamenti. Gli piaceva vivere in America e non aveva alcun desiderio di tornare nello Yemen, e questo mi lasciò sconcertata. Ero in quello strano posto da solo una settimana e non riuscivo nemmeno a immaginare di potermi trovare a mio agio come sembrava sentirsi lui. Ero anche sicura che non avrei mai smesso di provare nostalgia per lo Yemen.

Sono nata nello Yemen, il paese di mio padre. Mia madre invece è somala. Mio padre ci abbandonò poco dopo la nascita di mia sorella, quando io avevo due anni. Non so perché né dove se ne andò; so soltanto che prese una nuova moglie. Nello Yemen, un uomo può avere fino a quattro mogli, perciò mio padre si sposò e ci lasciò per vivere con lei.

Non ho molti ricordi di mia mamma in Yemen, perché partì per gli Stati Uniti quando avevo quattro anni. Vinse un visto a una lotteria e non le fu possibile portarci con sé. Ma non ne abbiamo mai sentito la mancanza né ci siamo mai chieste perché non avesse potuto portarci con sé, dal momento che la nonna, madre di mio papà, ci crebbe come se fossimo le sue figlie. Vivevamo a Aden, una delle più grandi città dello Yemen, ed eravamo una grande famiglia, con molti cugini, zii e zie. L'amore che mia nonna diede a me e a mia sorella era sufficiente per non farmi sentire la mancanza dei genitori.

La nonna ci leggeva e ci raccontava storie dei nostri antenati. Era molto fiera della nostra ascendenza araba; avevamo un libro di poesie arabe che ci recitava con gli occhi che le brillavano. Era una donna che sprizzava gioia, quanto la amavo! Quando fu vittima di una brutta caduta, nel settembre del 2010, mi preoccupai subito molto. Avevo solo quattordici anni, ma mi resi conto che si era procurata una frattura grave. Soffriva parecchio, e io e mia sorella dovevamo lavarla, vestirla e imboccarla. Rimase a letto per una settimana, ma si rifiutò di andare in ospedale, continuando a insistere che stava bene.

E noi le credemmo.

Perciò rimasi sorpresa quando, qualche settimana dopo, una sera tornai a casa tardi e trovai il soggiorno pieno di gente vestita di nero. Alcuni piangevano. Sentii profumo di caffè e vidi che venivano serviti datteri freschi, una tradizione nelle occasioni di lutto.

«Che cosa succede?» domandai.

Mia zia mi guardò con il volto rigato di lacrime e si limitò a scuotere la testa.

«Non lo ha ancora saputo?» chiese qualcuno.

«Saputo che cosa?» dissi, o meglio gridai. Avevo ormai capito che era successo qualcosa di terribile.

Dovevo sapere.

Ma non volevo.

«Tua nonna è morta questa mattina», disse infine qualcun altro.

E all'improvviso l'aria parve sparire dalla stanza.

La nonna per noi era tutto, era il centro dei sogni che avevo per il mio futuro: sarebbe stata presente al mio matrimonio, mi avrebbe aiutata a crescere i miei figli. Chi altri mi avrebbe insegnato a donare lo stesso amore che io e mia sorella avevamo ricevuto da lei? In tutti i miei sogni, la nonna era accanto a me, vicina, sorridente. Come poteva essersene andata?

La nonna rappresentava anche il legame con la famiglia di mio padre e senza di lei io e mia sorella saremmo andate alla deriva. Nel frattempo, nello Yemen la situazione si faceva sempre più instabile, perciò la mia numerosa famiglia cominciò a sgretolarsi e a disperdersi. Alcuni cugini partirono con i loro genitori per altre città dello Yemen, qualcun altro fuggì in Europa. Io e mia sorella restammo con nostra zia, la sorella di nostro padre. Le sue due figlie erano più grandi di noi e, anche loro, avevano deciso di andarsene; una era partita per l'Europa, l'altra per la Siria.

Vivevamo dunque a Aden con la zia quando, nelle prime settimane del 2011, scoppiò la rivoluzione, influenzata dalle sommosse in Tunisia che avevano portato in breve tempo al rovesciamento del regime. Ispirati da questo risultato, gli attivisti di altri paesi arabi istigarono le popolazioni a insorgere e di lì a poco la ribellione si diffuse in Siria, Yemen, Egitto, Libia. Gli insorti della Primavera Araba chiedevano cambiamenti. In Yemen, la gente voleva che il presidente, al potere da trent'anni, si dimettesse. Inizialmente si trattò di proteste pacifiche, fino a quando la polizia cominciò a interdire l'accesso a certe zone, minacciando di morte chi avesse trasgredito. La rabbia prese il sopravvento. Circolarono storie di persone innocenti che avevano perso la vita, persino bambini mentre tornavano da scuola. Quando mio zio fu ucciso al ritorno dal lavoro, capimmo che nessuno di noi poteva considerarsi al sicuro.

All'inizio del 2012 mi trovavo in classe quando udii due insegnanti dire che a scuola era giunta una telefonata che annunciava la presenza di una bomba. Pensai: "Ci siamo, moriremo tutti!". Per fortuna arrivò la polizia e disinnescò la bomba, altrimenti non sarei qui a raccontare la mia storia.

Nessuno sapeva chi fosse stato a telefonare né quale gruppo avesse messo la bomba. Il mondo stava andando a catafascio e presto iniziarono quelli che i giornali chiamarono «bombardamenti indiscriminati». Io le chiamavo «bombe che piovono dal cielo a casaccio», senza poter prevedere quando o dove sarebbe caduta la successiva.

Nessuno sapeva chi fossero i responsabili di quei bombardamenti, perché le fazioni in guerra fra loro erano innumerevoli: il governo, i rivoluzionari e i gruppi di terroristi che miravano a impossessarsi del potere.

Una mattina di dicembre mi alzai al rumore di esplosioni. Il mio letto tremava, così come l'intero edificio. Corsi alla finestra e vidi una nuvola di polvere e fumo che s'innalzava in lontananza. Udii i tonfi delle pietre che cadevano e le urla disperate di persone che chiedevano aiuto.

In casa si erano svegliati tutti, sconvolti e terrorizzati.

«Sarebbe potuto toccare a noi», disse mia zia.

Poco dopo, fui svegliata nuovamente da un'altra grossa esplosione. Questa volta la nostra casa fu scossa con violenza. Sentii un liquido caldo che colava lungo le lenzuola e rivolsi lo sguardo a mia sorella stesa accanto a me. Aveva gli occhi spalancati e mi resi conto che era talmente spaventata da aver bagnato il letto. Non mi arrabbiai, avevo paura anch'io. Corsi alla finestra e vidi che la casa dei nostri vicini era stata scoperchiata, il tetto ridotto a un cumulo di detriti. Poi sentimmo le grida, tanto angosciate da farmi pensare che qualcuno lì vicino stesse molto male, o peggio.

Mia zia era ancora addolorata per la morte della nonna e la tensione per questi «bombardamenti indiscriminati» la rese ancora più instabile. Quel giorno, dentro di lei si ruppe qualcosa: cominciò a parlare da sola e a scoppiare in pianti improvvisi. Io e mia sorella ci dovemmo prendere cura di lei, mentre avrebbe dovuto essere il contrario. La zia sembrava vivere ormai al di fuori della realtà.

Decisi allora che era giunto il momento di mettermi in contatto con mia madre.

Erano anni che non la sentivo, ma sapevo che ci avrebbe aiutate. Quando finalmente riuscii a parlarle, mi disse di partire per l'Egitto, dove viveva un suo secondo cugino. Molti yemeniti stavano fuggendo in Egitto, Italia e Grecia. Qualunque luogo era preferibile allo Yemen. Il solo posto che avessi mai conosciuto, la mia casa, era diventato troppo pericoloso.

Mi madre disse che avrebbe mandato i soldi per comprare i biglietti per il viaggio fino al Cairo. A essere sincera, non volevo partire, avevo paura di un futuro ignoto in un paese sconosciuto. Lo Yemen era diventato un luogo spaventoso, ma almeno lo conoscevo, era casa mia. Ed era anche il luogo dove avevo visto mia nonna viva per l'ultima volta. Lasciare lo Yemen era come lasciare anche lei.

Preparando i bagagli per la partenza, presi con me tutti gli oggetti che erano stati toccati dalla nonna, anche i suoi vestiti, su cui sentivo ancora il suo odore. Presi i libri di poesia araba che avevo vinto a un concorso di lettura a scuola, e i miei vestiti, documenti e fotografie. Infine, arrotolai la trapunta che era sul letto della nonna, su cui lei era morta, l'ultima cosa che aveva toccato. Mentre la riponevo nella valigia, pensai che, se mai avessi avuto bisogno di un abbraccio, avrei potuto avvolgermela addosso.

Partimmo per il Cairo, il mio primo viaggio in aereo. Avevo paura, ma non c'era altra scelta. Andammo a vivere con un lontano parente nel quartiere di Alf Maskan, al Cairo. Non mi piaceva per nulla, le strade erano sporche e puzzavano di animali morti. "Non rimarremo qui a lungo", pensavo. Mia madre si era messa in contatto con l'ambasciata statunitense, così io e mia sorella andammo insieme a presentare domanda per il visto. L'Egitto doveva essere soltanto una tappa.

Quattro mesi dopo, l'ambasciata mi convocò per una visita medica. Mi fecero diversi test e un prelievo del sangue

55

e, quando mi richiamarono, mi dissero che avevo la tubercolosi.

«Che cos'è la tubercolosi?» domandai.

Non ne avevo idea.

Da due mesi tossivo continuamente e da un po' di tempo avevo la febbre tutte le notti e mi svegliavo sudata e tremante di freddo. Non mangiavo più ed ero dimagrita, ma quando ero andata all'ospedale, mi era stato detto che non avevo nulla di grave. Nessuno aveva mai parlato di tubercolosi.

Nella casa dove abitavamo c'era un computer e cercai su Google la parola «tubercolosi». Appresi così che si tratta di una malattia mortale. Ero sopravvissuta a così tanti pericoli fino a quel momento che morire di tubercolosi mi sembrava una beffa. Raccontai allo zio ciò mi avevano detto all'ambasciata. Pensavo che mi avrebbe aiutata; invece si mise a gridare: «Fuori di qui!».

«Perché?» chiesi sconcertata. «Che cosa ho fatto?»

«Ci farai ammalare tutti», gridò ancora più forte.

Si mise a girare per la casa come una furia, raccogliendo le mie cose e gettandomele addosso. «Fai le valigie e vattene!» gridava.

Me ne andai sconvolta. Non raccontai nemmeno a mia zia e a mia sorella che cosa era successo, perché non volevo contagiare anche loro. Dissi invece che l'ambasciata mi aveva richiesto ulteriori accertamenti medici e per questo sarei stata ricoverata nel vicino ospedale. Era una bugia, ma se avessero saputo che ero stata mandata via da casa, sarebbero volute venire con me, e io non avevo alcuna intenzione di metterle in pericolo.

Fu difficile trovare un altro posto dove stare. In Egitto, una ragazza di diciassette anni non può affittare una casa per conto suo. La gente si chiedeva perché fossi sola, immaginando che potessi essere una poco di buono e che tutte le notti avrei portato in casa uomini diversi.

Alla fine, trovai una stanza in affitto nel quartiere Aldoqqi. Era vicino all'ambasciata e questo mi tornava utile, perché per sei mesi avrei dovuto andarci ogni giorno per ricevere farmaci e iniezioni. I funzionari dell'ambasciata dovevano essere sicuri che avessi completato la terapia prima di concedermi il visto. Mentre guarivo dalla tubercolosi, iniziai a sentirmi male per tutte le medicine che prendevo. Ma per fortuna non ero più contagiosa, così andai a trovare mia zia e mia sorella, che nel frattempo erano andate a vivere a casa di un altro parente. Non raccontai mai a nessuno quanto fossi ammalata davvero.

Terminai la terapia a metà dicembre e l'ambasciata mi disse che finalmente sarei potuta partire per gli Stati Uniti. Stavo per compiere diciannove anni, il 27 dicembre, e non avrei potuto ricevere un regalo di compleanno più bello di questo.

«Quando partiamo?» domandai.

«Che cosa intendi con "partiamo"?» rispose la funzionaria.

«Io e mia sorella!» esclamai.

La donna mi guardò perplessa e disse: «Ho ricevuto l'autorizzazione solo per te».

Dentro di me sentii salire il panico, una sensazione che purtroppo mi era diventata familiare.

Sillabai il nome di mia sorella – S-A-B-R-E-E-N – e chiesi alla funzionaria di controllare ancora una volta i suoi dati.

Ero sicura che avrebbe trovato la pratica che la riguardava e che anche Sabreen avrebbe ottenuto il visto. Tutto sarebbe finito bene.

La donna controllò al computer. «Qui non c'è nulla», disse.

Il mio cuore fece un balzo.

«Un attimo... eccola qui», disse subito dopo.

Mi sentii sollevata, sapevo che poteva esserci stato solo un malinteso.

«La sua richiesta di visto è stata rifiutata.»

Parole per me molto più dolorose di «lei ha la tubercolosi». Non così dolorose come «tua nonna è morta», ma quasi.

La funzionaria si strinse nelle spalle. «Io so soltanto che la tua richiesta è stata accolta», disse.

Quando uscii dall'ambasciata, quel giorno, avevo la testa piena di domande: Che cosa era andato storto? Avevamo fatto un errore nella presentazione della richiesta? Mia sorella aveva qualche malattia? Forse l'avevo contagiata con la tubercolosi? Perché io sì e lei no? E considerando tutti i possibili scenari, pensavo: "Ce la faremo, anche a lei sarà concesso il visto, si tratta solo di un altro ostacolo da superare".

Prima di tutto chiamai mia madre per riferirle la sconvolgente notizia. Non avevo nemmeno avuto il tempo di rallegrarmi per il mio visto; il fatto che mia sorella non lo avesse ricevuto rovinava tutto. Mia madre mi assicurò che si trattava di un errore. «Sistemeremo ogni cosa», mi disse.

Dare la notizia a Sabreen fu molto difficile. Mia sorella desiderava andare negli Stati Uniti ancora più di me. Quando era bambina, si era fissata con *Hannah Montana* e prima che scoppiassero i guai in Yemen diceva sempre: «Un giorno andrò in America, dove vive Hannah!».

Ma Sabreen rimase stranamente calma, senza lacrime né rabbia. Disse invece: «Andrà tutto bene, rimarrò con i nostri cugini e farò un'altra richiesta per il visto. Ti raggiungerò appena possibile».

La abbracciai e la sentii tremare. Entrambe stavamo lottando per non piangere.

Nel dicembre del 2014, un vicino di casa accompagnò me e mia sorella all'aeroporto. Al check-in fui costretta ad abbandonare due valigie. Ne avevo preparate quattro, due piccole e due grandi, che contenevano tutta la mia vita, ma pesavano più del massimo consentito. L'addetto mi disse che per portarle tutte con me avrei dovuto pagare 200 dollari. Ne avevo 20, che speravo fossero sufficienti per comprarmi qualcosa da mangiare nelle successive quarantott'ore. Tanto durava il viaggio dal Cairo a Minneapolis.

L'aereo stava per partire, dovevo decidermi: lasciai la valigia più pesante, che conteneva tutti i miei libri e le riviste che conservavo fin da quando ero piccola. Li avevo avvolti nella trapunta della nonna. In quella valigia c'erano anche le sole foto che possedevo di me e Sabreen bambine. La consegnai a mia sorella e le chiesi di metterla al sicuro.

Poi giunse il momento più temuto: dovevo salutare la mia sorellina. Ancora una volta lei non pianse. Ancora una volta sentii quel profondo tremore in lei, che ora agitava anche me. Mentre eravamo abbracciate, ci sussurrammo a vicenda: «È solo per un po', ci rivedremo presto».

«Al massimo tra uno o due mesi», dissi, allontanandomi.

«Sì», disse lei, mentre cercavo di ricacciare indietro le lacrime che mi riempivano gli occhi.

«Ti aspetterò.»

Salire sull'aereo avrebbe dovuto essere per me sinonimo di libertà. Una speranza, un sogno che si realizza. E invece avevo il cuore pesante come piombo. Mi raggomitolai sul sedile e poggiai la fronte contro il finestrino. Non volevo che qualcuno mi vedesse piangere.

Durante il primo periodo negli Stati Uniti, con Sabreen ci vedevamo e ci parlavamo spesso su FaceTime e contavamo i giorni in attesa del momento in cui lei mi avrebbe raggiunta. Le raccontai della mia nuova scuola e dei miei amici, del cibo, e di quanto freddo facesse in Minnesota. Lei rideva ai miei racconti e poi parlavamo di tutti i posti dove l'avrei portata, come il Mall of America. Non ero mai stata in un posto simile, con così tanti negozi e tanta gente di tutti i tipi!

Ogni volta che parlavamo, tuttavia, sentivo che il suo entusiasmo si andava spegnendo. Non avevamo più avuto notizie dall'ambasciata americana e cominciavamo a essere preoccupate.

Dopo tre mesi, Sabreen mi disse che era stanca di aspettare. Aveva sentito di persone che pagavano per essere portate su barche fino in Italia e mi disse che voleva farlo anche lei con un gruppo di amiche. Mi disse che se avesse raggiunto l'Europa, sarebbe stato più facile ottenere il visto per l'America.

Anch'io avevo sentito parlare di quelle barche... e di gente che moriva cercando di attraversare il Mediterraneo. Ma mia sorella era irremovibile. «Te lo prometto, il viaggio sarà sicuro, è una barca grande, con addirittura camere e bagno!».

Mi disse che il viaggio costava 2.000 dollari per ciascun passeggero e io pensai: "Wow!, deve essere proprio un viaggio sicuro". Erano un sacco di soldi.

Mia madre cominciò a risparmiare; lavorava come infermiera e faceva anche i turni di notte per mettere da parte il denaro per il viaggio. Il mese successivo inviò i soldi a Sabreen.

E aspettammo notizie.

# Sabreen

## SENZA RITORNO

*Yemen – Egitto – Italia*

Aspettavo che l'aereo di Zaynab decollasse, dovevo vederlo sparire dietro le nubi prima di riuscire a credere che fosse vero. La mia sorellona se n'era andata e io ero rimasta lì con la sua pesantissima e grossissima valigia. Cercavo di non piangere mentre trascinavo la valigia attraverso l'aeroporto fin dentro la stessa auto che mi aveva portata lì. Mia sorella era su nel cielo e stava volando verso una nuova vita, mentre io ritornavo a quella vecchia. Eppure, ogni cosa ora sarebbe stata diversa. Da quel momento, tutto – la città, la casa, il mio cuore – perse importanza ai miei occhi.

La prima settimana fu molto difficile. La gente mi trattava in maniera diversa. Quando ero con Zaynab, mi sentivo sostenuta, l'avevo sempre accanto a me. Adesso, invece, avrei dovuto cavarmela da sola.

Poco dopo, tramite mia cugina Fahima incontrai e feci amicizia con un gruppo di ragazze yemenite. Sognavamo tutte di andarcene dall'Egitto e una di loro aveva sentito parlare di una barca che portava gente in Europa: decidemmo di informarci.

Così venni a sapere che servivano 2.200 dollari, di cui 100 per comprare un biglietto per Alessandria, sulla costa del Mediterraneo. Arrivata lì, me ne sarebbero serviti altri 100 per trovare un alloggio fino al momento in cui sarei partita. I restanti 2.000 dollari servivano per poter salire sulla barca che mi avrebbe condotta in Italia.

Quando dissi a Zaynab che intendevo viaggiare così, lei rimase in silenzio. Poi chiese: «Ma non è pericoloso?».

Rimasi molto delusa. E un po' arrabbiata. Era facile per lei parlare! Piuttosto che aspettare in Egitto un visto che non sarebbe mai arrivato, era sicuramente una soluzione migliore. Ero stanca di aspettare, avevo fatto domanda due anni prima. Perciò pregai mia sorella di convincere nostra madre che la mia era una buona idea. Mi promise che lo avrebbe fatto e, quando finalmente arrivò il denaro, mi sentii sollevata.

Il viaggio in pullman dal Cairo ad Alessandria fu estenuante. Ero seduta accanto a mia cugina Fahima e a due amiche: avevamo deciso di dire che eravamo sorelle, così non ci avrebbero separate. Mi sentivo molto eccitata: dopo mesi passati a fare progetti e aspettare che arrivasse il denaro per realizzarli, eravamo finalmente partite! Parlavo con le mie amiche della grande nave su cui stavamo per imbarcarci. Ci figuravamo un servizio con tre pasti al giorno e una cabina con l'oblò. Questa era stata la promessa dell'uomo a cui avevamo pagato il viaggio.

Quando arrivammo ad Alessandria, versammo i 100 dollari per l'alloggio e ci preparammo a una buona notte di sonno. Avevamo immaginato una stanza d'albergo e rimanemmo di stucco quando arrivammo in un magazzino vuoto con un pavimento di cemento e nient'altro, nemmeno una coperta. C'era sicuramente un errore, pensammo mentre ci stringevamo le une alle altre; il resto del viaggio sarebbe stato diverso.

Dopo una fredda notte insonne, ci fecero salire su un altro autobus, con i finestrini coperti da plastica nera. Sembrava stessimo viaggiando di notte, nonostante fuori brillasse il sole. Anche se non potevo vedere nulla all'esterno, capii dal percorso tortuoso e sconnesso che stavamo viaggiando su strade secondarie. Avevo la nausea, soprattutto perché il pullman era strapieno di gente e mancava l'aria. Udii poi qualcuno parlare dei pericoli di quel tragitto. «Se ci prendono, finiamo in prigione», sentii dire.

Fui colta da una grande paura. Sapevo che stavamo facendo qualcosa di pericoloso, ma mai avrei immaginato il rischio di finire in carcere. Per aver fatto che cosa? Solo per aver desiderato una vita migliore? Per aver desiderato di rivedere mia sorella? Sembrava troppo crudele per essere vero, ma mentre ascoltavo quelle storie avvolta dall'oscurità, cominciai a preoccuparmi e a pensare di aver commesso un errore. Se fossimo state arrestate e io fossi finita in prigione, non avrei mai più rivisto mia sorella.

Viaggiammo su quel pullman dalle sei del mattino alle sei di sera e, quando qualcuno chiedeva al conducente di fare una sosta, veniva completamente ignorato. Dopo un po', la gente cominciò a perdere la pazienza. Avevamo bisogno di andare al bagno! Avevamo bisogno di acqua! A un certo punto i passeggeri cominciarono a gridare.

«Ferma!»

Funzionò. Il conducente premette il freno e il pullman si fermò ondeggiando. Che sollievo! Avevo bisogno di fare la pipì e di respirare un po' di aria fresca. Ma invece di aprire le porte e farci scendere, il conducente si alzò dal suo sedile e percorse il corridoio infuriato, prendendo a pugni i passeggeri e gridando: «State zitti! Se fate rumore, mi arrestano!».

Questa scena mi spaventò al punto che dimenticai la pipì. Mentre tornava barcollando al suo posto, l'uomo gridò ancora: «Qui non siamo mica in vacanza! Siete dei profughi. Smettetela e state zitti!».

Chiusi gli occhi per cercare di ricacciare indietro le lacrime che mi scorrevano lungo il viso. Tutti i miei sogni sul viaggio che stavo affrontando crollavano uno dopo l'altro. "Saremo anche dei profughi", pensai, "ma quest'uomo ci sta trattando come bestie."

Tutti dovevano avere gli stessi pensieri, perché nel pullman calò il silenzio fino all'arrivo a destinazione.

Passò un'ora, o forse più, e sentivo una gran sete. Non avevo più acqua, neppure per bagnarmi le labbra. L'amica che avevo di fianco a un certo punto si alzò per chiedere la bottiglia a un'altra del nostro gruppo, che era seduta accanto al conducente. Ma non fece neanche in tempo a muovere un passo che il pullman si fermò di colpo.

L'autista aprì la porta, afferrò la mia amica e la gettò fuori gridando: «Corri!».

Quindi si mise a gridare a tutti: «Fuori! Correte!».

Il mio cuore batteva così forte che dapprima le gambe non riuscirono a muoversi. Poi afferrai la giacca e mi misi a correre più veloce che potevo, seguendo quelli che correvano davanti a me. E a quel punto vidi l'infinita distesa blu. Eravamo arrivati al Mediterraneo. Ce l'avevamo fatta!

Mentre correvo verso la spiaggia, cercavo con lo sguardo la barca che avevo immaginato: una nave grande, bellissima, con cuccette per dormire e bagni. Invece, vidi solo tre piccole barche da pesca allineate lungo la riva. Non capivo più niente e avevo i polmoni che bruciavano. Ansimavo, mi mancava l'aria. Ripensandoci ora, quello che stavo provando era un'immensa paura, era panico.

Dov'era la nave? Era impossibile che salissimo sulle barche da pesca che vedevo davanti a me. Erano troppo piccole e le onde erano troppo alte.

Volevo tornare a casa, da mia zia. Avevo paura di salire su una di quelle imbarcazioni per attraversare il Mediterraneo. Era una follia. Quando mi resi conto di tutto ciò, rimasi come paralizzata, non potevo muovere nemmeno un passo.

In quel momento, si avvicinò un uomo e mi chiese perché stessi piangendo.

«Non posso salire lì, ho paura», risposi.

E quello mi disse: «Non puoi più tornare indietro».

Ma io non riuscivo a muovermi. Altre persone stavano ammassandosi nelle barche e quell'uomo mi sollevò da terra e mi posò dentro una delle tre.

Mi risvegliai dal mio torpore e gridai: «Le mie sorelle! Non posso partire senza di loro».

In mezzo alla folla le ritrovai. Quando le vidi salire sulla mia stessa barca, mi sentii molto meglio. Almeno eravamo insieme.

In quel momento arrivò il conducente del pullman con in mano un coltello. «Tutti quelli che hanno soldi egiziani o gioielli, me li consegnino», gridò.

La gente rimase allibita. L'uomo si affrettò a prendere tutti i nostri soldi e quando vide una donna con un anello al dito pretese anche quello.

La donna glielo consegnò.

Io e le mie amiche eravamo così spaventate che cominciammo a recitare il Corano, supplicando Allah di venirci in aiuto. Questo fece infuriare l'uomo che ci stava derubando. «Devo farlo per la mia famiglia», disse. «Io non guadagno niente dalla cifra che avete pagato per il viaggio, quella spetta tutta a chi organizza i pullman, e a me restano solo pochi spiccioli. Per questo vi chiedo di consegnarmi i vostri soldi, è l'unico modo che ho per sopravvivere.»

Udì qualcuno parlare del coltello che teneva in mano e aggiunse: «Non voglio fare del male nessuno, questo mi serve nel caso arrivasse la polizia. Meglio uccidermi che essere preso».

Sapevo che non era più possibile tornare indietro. Io e le mie amiche eravamo già sulla barca con altri profughi dalla Siria, dall'Iraq, dalla Somalia, dall'Egitto. E altri continuavano ad arrivare, un pullman dietro l'altro. Una madre si avvicinò alla nostra barca con in braccio il suo bambino di cinque anni. Per raggiungerci doveva camminare su un fondale scivoloso di grossi sassi; perse l'equilibrio e fece cadere il bambino nell'acqua fredda. Il piccolo non pianse nemmeno, ma quando salirono entrambi sulla barca notai che stava tremando.

Avevo portato una giacca in più per il viaggio. La pescai sul fondo della borsa e gliela porsi.

Salpammo con il mare mosso e le onde che s'infrangevano sui due lati della barca. Mi tenevo stretta alle mie amiche e sognavo la grande nave con le camere da letto, i bagni e tre pasti al giorno.

L'uomo che mi aveva portata sulla barca era il capitano.

Ci assicurò che saremmo stati trasferiti su una imbarcazione più grande, ma era una bugia. Ci trovavamo già in mezzo al mare quando incontrammo un'altra barca e l'uomo ci disse di salire, ma era piccola quanto la nostra.

«Dov'è la nave con le cuccette che ci era stata promessa?» domandai.

«Appena la raggiungeremo, ciascuno avrà la propria stanza e un bagno in comune. E ci sarà da mangiare.»

Ma quando finalmente salimmo sulla terza barca dopo la partenza, al sesto giorno di viaggio, scoprimmo che non era vero niente. La barca era più grande, aveva posto per cento passeggeri, ma noi eravamo in quattrocento e dovemmo stringerci gli uni agli altri.

A quel punto, tutti avevamo finito il cibo che ci eravamo portati e dormivamo seduti perché non c'era spazio per stendersi. Ogni mattina, quando mi svegliavo, vedevo il cielo e pensavo: "Oddio, sono in paradiso o sono ancora viva?".

Quando scorsi la terza barca, pensai che non sarei sopravvissuta, ma ero troppo stremata per piangere.

Lì perlomeno ci offrirono fagioli, tonno e pane. Ma i fagioli erano crudi e il pane ammuffito. Non c'erano bagni, solo un recipiente dove potevamo scaricarci. Ma si riempiva in fretta e ogni volta che la barca oscillava, il contenuto si versava sul fondo, dove stavamo seduti.

Il capitano disse che eravamo ormai vicini alla costa, ma a tre ore dall'approdo finì il carburante. Qualcuno suggerì di proseguire a nuoto, ma nessuno di noi aveva il giubbotto di salvataggio e io non sapevo nemmeno nuotare. Mi prese un terrore che non avevo mai provato in vita mia.

Dopo parecchie ore in attesa di un miracolo, qualcuno si accorse che in lontananza stava arrivando una nave. Tutti cominciarono a gridare e a piangere.

Era grande, era la nave che avevo sognato!

La guardia costiera italiana andava in cerca di barche come la nostra, sapendo che erano molti i profughi che cercavano di arrivare in Italia. Così ci dissero i marinai quando ci presero a bordo. Non ho mai provato tanta gratitudine per qualcuno. Erano passate più di quarantott'ore da quando avevamo mangiato e bevuto per l'ultima volta. La nave si mise in contatto con la Croce Rossa, che mandò un'altra imbarcazione a salvarci. Nel frattempo, gli italiani ci diedero acqua e coperte e ci lasciarono usare il bagno, che era così pulito da farmi scoppiare in lacrime. Continuai a piangere per tutto il viaggio fino in Italia, mentre l'equipaggio sulla nave ci assicurava che saremmo stati portati in un posto sicuro.

Due ore dopo, vidi la terra per la prima volta in nove giorni.

Il mio pianto si trasformò in forti singhiozzi, ero sicura che non avrei più visto altro che mare. Eppure, eravamo ancora lontani.

# Zaynab

## SOGNARE IN GRANDE

### *Minnesota*

Non ricevemmo notizie da mia sorella per più di un mese.

Mia madre era disperata.

«Deve esserle successo qualcosa», diceva.

«Andrà tutto bene», le rispondevo. Ma ero preoccupata tanto quanto lei. Sui giornali leggevo spesso storie di profughi annegati mentre cercavano di raggiungere la Grecia o l'Italia. Non potevo nemmeno pensarci...

Finalmente, una notte, aprii Facebook e trovai un messaggio di Sabreen.

«Sono arrivata sana e salva in Italia», lessi.

Gridai a mia madre di venire a vedere. Sabreen era viva, ce l'aveva fatta!

Un altro messaggio arrivò il giorno seguente. Sabreen diceva che le era difficile trovare un computer connesso a internet e che mi avrebbe telefonato al più presto.

Passarono ancora parecchi mesi, durante i quali aprivo Facebook di continuo sperando di trovare un messaggio di Sabreen. Ogni giorno che passava senza avere sue notizie cresceva la mia preoccupazione. In internet leggevo storie terribili di giovani rifugiate che erano state deportate altrove. Dove sarebbe finita mia sorella, se fosse capitato a lei? Sarebbe tornata in Yemen? Là non c'era niente ad attenderla.

Avevo anche letto di traffici legati alla prostituzione e questa divenne la mia paura più grande. Lessi il racconto di una rifugiata siriana giunta in Europa e finita in un bordello, venduta agli uomini come oggetto sessuale. Quando lo dissi a mia madre, impallidì. Telefonava ogni giorno all'ambasciata americana in Italia, cercando di fare tutto ciò che poteva per portare Sabreen in Minnesota. Ma non succedeva niente e ci sentivamo impotenti.

Tutto questo accadde nel momento peggiore. Le elezioni presidenziali americane del 2016 avevano portato alla luce una forte ostilità nei confronti dei musulmani. Lo avevo provato sulla mia pelle un giorno mentre facevo shopping da sola al centro commerciale. Ero sulla scala mobile quando notai un uomo bianco avvicinarsi in cima alla scala. Indossavo l'hijab, come faccio ovunque. L'uomo mi guardò e si mise a gridare: «Jihad! Jihad!». Fui presa dal panico, pensando che avesse addosso una bomba, mi voltai e corsi giù per la scala che si muoveva in senso opposto. In realtà quell'uomo voleva solo insinuare nella gente l'idea che, in quanto musulmana, fossi pericolosa.

Sentivo che il cuore mi stava per scoppiare mentre cercavo un posto dove nascondermi. Alla fine trovai un bagno e mi ci chiusi dentro. Dietro la porta, crollai a terra e scoppiai in lacrime.

Ancora oggi, non vado più da sola al centro commerciale.

Se la mia vita in Minnesota era così spaventosa, come doveva essere quella di mia sorella?

Finalmente, qualche mese più tardi, ricevemmo un messaggio da Sabreen con il quale ci avvisava che era stata mandata in un campo profughi in Olanda. Lì c'era il wi-fi, e questo significava che avremmo potuto parlarci direttamente. Sentire la sua voce fu meraviglioso! E sembrava proprio stesse bene! Come le sue amiche, che Sabreen mi presentò. Aveva la voce allegra, molto più allegra di quanto fosse stata un tempo in Egitto. Sperava nel futuro.

All'epoca non sapevo quanto fosse stato sconvolgente il suo viaggio. Non entravamo mai nei dettagli di ciò che aveva vissuto. Parlavamo invece del futuro e cercavamo di pensare a come poter tornare insieme. Ci tenevamo in contatto attraverso Facebook, mandandoci a vicenda fotografie. Un giorno ci telefonò dicendo che nel campo in Olanda aveva conosciuto un ragazzo yemenita.

«È gentile», disse, «e mi piace.»

Quel che pensai fu: "Bene, se lei è felice, lo sono anch'io".

Ma quando un paio di mesi dopo ci richiamò, rimasi scioccata. Disse infatti che intendeva sposarsi.

Sentii lo stomaco stringersi. «Ma non hai ancora nemmeno diciott'anni. E non hai finito di andare a scuola», le dissi.

«Mi permetterà di andare a scuola, non preoccuparti», fu tutto quello che mi rispose.

Promise che non avrebbe dimenticato la sua istruzione. Alla fine aggiunse: «Voglio qualcuno con cui stare».

Quelle parole mi ferirono profondamente.

Sabreen sarebbe dovuta stare con me e con mia madre. Sarebbe dovuta andare a scuola. Avrebbe dovuto imparare. Non vivere da sola in un paese straniero, senza la sua famiglia. Ma chi ero io per giudicarla? La mia strada era diversa.

A settembre iniziai l'ultimo anno delle superiori.

Imparavo molto e in fretta, tanto che mi fu permesso di saltare i due anni precedenti. Poco tempo prima, in maggio, alla fine della seconda superiore, ero entrata nel consiglio degli studenti. L'idea mi piaceva e per me era totalmente nuova. Ci incontravamo in un'aula e parlavamo di tutto ciò che ci stava a cuore.

«Bisogna migliorare l'offerta del bar della scuola. Ci sono molti studenti di culture diverse e dobbiamo avere maggior sensibilità nei loro confronti», disse una ragazza.

«Penso che sia importante avere più insegnanti di colore, per poterci sentire più vicini ai nostri docenti», disse un'altra.

Fui rincuorata da tutte queste richieste e decisi di aggiungere la mia. Volevo sapere perché per gli studenti non fossero previsti sport o altre attività. Non avevamo né una squadra di basket né una di calcio né alcun altro gruppo sportivo.

Amavo molto lo sport e in Yemen, prima della rivoluzione, mi vestivo da maschio per poter giocare a calcio. Solo i ragazzi infatti potevano far parte di una squadra, perciò indossavo i pantaloncini e un'ampia T-shirt, e nascondevo i capelli sotto un berretto. Il calcio per me era pura felicità. Perciò mi stupii che nella scuola lì negli Stati Uniti non ci fosse né un campo né una squadra di calcio. A maggio proposi questo tema e a settembre, quando mi trasferii per il mio ultimo anno, fui felice di apprendere che il nuovo edificio aveva una palestra. Uno dei miei tutor mi disse: «Visto che hai parlato di calcio, pensa a organizzare una squadra femminile!».

Feci la proposta a più ragazze possibili, ma molte rispondevano che non avevano mai giocato a calcio. Alcune ragazze africane non avevano mai colpito un pallone.

«Non importa, ve lo insegnerò io!» dicevo.

Cominciai ad allenare la mia squadra e subito si pose la questione della divisa. Parecchie ragazze erano musulmane e dovevano giocare coperte, così si allenarono con indosso i loro abiti finché non trovammo pantaloni lunghi da indossare sotto i pantaloncini. Con il capo coperto, diventammo l'unica squadra di rifugiate di tutto il Minnesota.

Alla prima partita, l'arbitro chiese: «Chi è il vostro capitano?».

Non ci avevamo pensato, ma le mie compagne dissero: «Zaynab, devi essere tu».

Continuammo così il campionato, perdendo tutte le partite con punteggi del tipo 12 a 0. Una disfatta dopo l'altra!

Ma non ci importava, ci bastava giocare. E imparare tutte le regole del calcio. Perdemmo l'ultima partita 5 a 0 e ci sentimmo molto orgogliose! Io giocavo in porta, perché la ragazza che faceva da portiere si era ritirata e tutte temevano quel ruolo: avevano paura di prendersi un calcio in faccia o comunque di farsi male. In quella partita parai una quarantina di tiri.

Un allenatore della Homeless World Cup (il campionato internazionale dei senzatetto) mi vide giocare e mi disse: «Devi venire a giocare con noi!».

Con quella squadra giocai sempre bene, tanto che ricevetti un premio e l'invito a partecipare a un torneo in Europa.

A quell'epoca, mia sorella si era trasferita in Belgio. Se fossi andata in Europa, forse avrei potuto rivederla.

Quando il visto e tutti i documenti per il viaggio furono pronti, il presidente Trump vietò ai musulmani di viaggiare. Io non avevo ancora ricevuto la *green card*, l'autorizzazione a risiedere in maniera permanente negli Stati Uniti.

E così non potei partire.

In luglio fui invitata a vedere un film intitolato *Malala*. Ci andai con una decina di compagni di scuola, tutti immigrati. Dopo la proiezione andammo a pranzo fuori e rimanemmo di stucco quando Malala entrò e si unì a noi. Ci sembrava di essere in compagnia di una stella del cinema! Ma quando si sedette al nostro tavolo e cominciò a farci domande, capii che era una persona come tutte noi. Avevamo storie diverse, ma sentii una forte solidarietà nei suoi confronti.

Durante il pranzo, Malala ci chiese: «Che cosa vorreste cambiare?».

A me pareva che tutti i miei sogni si fossero realizzati: ero sopravvissuta ai pericoli nella mia patria, mi ero trasferita in America, avevo preso il diploma di scuola superiore e presto sarei andata al college. Avrei voluto che anche mia sorella avesse tutto questo, magari con me, negli Stati Uniti. In quel momento mi resi conto di quanto ero cambiata e pensai che anche Sabreen sicuramente lo fosse, in modi che probabilmente non sarei mai riuscita a comprendere del tutto.

Sabreen aveva sposato l'uomo conosciuto al campo profughi e con lui si era trasferita in Belgio. Ora vivono in un appartamento, suo marito lavora in un negozio e mia sorella studia l'olandese. Dice di essere felice, e voglio crederle. Tra poco nascerà il loro primo figlio.

Sabreen non ha ancora ottenuto i documenti e suo figlio sarà un rifugiato. Che cosa riserva il futuro a Sabreen e alla sua famiglia? E a me? E al mio Paese? Alla mia gente?

Avrei voluto una vita migliore con tutta la mia famiglia in Yemen. Avrei voluto riavere la mia nonna. So che questi sono sogni irrealizzabili, ma posso realizzarne altri grazie alla fiducia in me stessa e nei miei obiettivi. Voglio finire gli studi per tornare nella mia bella patria e portare con me la giustizia. Voglio ricostruirla. Credo che ogni storia possa avere un lieto fine, e io voglio ottenere il mio.

Ho grandi sogni. E voglio che anche mia sorella e chiunque sia passato per le nostre stesse difficoltà abbia grandi sogni come me.

# Muzoon

## HO VISTO LA SPERANZA

*Siria – Giordania*

Sabreen (*a sinistra*) e
Zaynab (*a destra*) bambine.
(Per gentile concessione
di Zaynab Abdi)

Zaynab in visita alla
Statua della Libertà
durante un viaggio
a New York.
(Foto di Malin Fezehai /
per gentile concessione
del Malala Fund)

Quando Malala (*a sinistra*) ha ricevuto il premio
Nobel per la Pace nel 2015, ha portato con sé alcuni
amici, tra cui Muzoon (*a destra*).
(Per gentile concessione del Malala Fund)

María balla quando incontra Malala.
(Foto di Alicia Vera / per gentile concessione del Malala Fund)

Jennifer (*al centro*) con Naidina (*a sinistra*) e Marie Claire (*a destra*).
(Per gentile concessione di Jennifer Shumway)

Marie Claire (*a destra*) con le sue due famiglie.
(Per gentile concessione di Jennifer Shumway)

Marie Claire con il suo orgoglioso padre, che lei considera il suo modello di riferimento.
(Per gentile concessione di Marie Claire Kaberamanzi)

Marie Claire e Najla a New York per parlare all'Assemblea generale dell'ONU.
(Foto di Tess Thomas / per gentile concessione del Malala Fund)

Ajida al campo in Bangladesh, racconta di come aveva costruito alcuni forni e li aveva distribuiti alle famiglie.
(Foto di Jérôme Jarre)

Ajida e suo figlio nella loro casa di fortuna.
(Foto di Brandon Stanton)

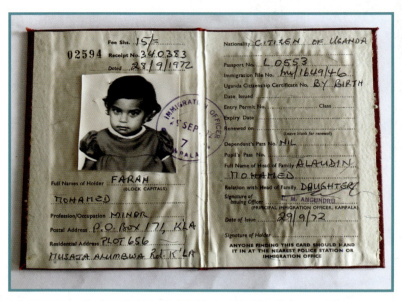

La tessera di cittadinanza ugandese che Farah ha portato con
sé durante il viaggio di ritorno nel suo paese d'origine.
(Per gentile concessione di Farah Mohamed)

La valle dello Swat in una foto che Malala ha scattato durante
il suo viaggio di ritorno in Pakistan. «Per me il posto più bello
al mondo», ha scritto su Twitter.
(Foto di Malala Yousafzai)

Malala e la sua famiglia nella loro casa di Mingora, che
visitavano per la prima volta dal 9 ottobre 2012.
(Foto di Insiya Syed / per gentile concessione del Malala Fund)

Nella cameretta di Malala (con i suoi trofei scolastici al
sicuro nella bacheca).
(Foto di Insiya Syed / per gentile concessione del Malala Fund)

*Al campo di Zaatari uno dei nostri operatori* UNICEF *mi disse che desiderava farmi conoscere una ragazza. Si chiamava Muzoon e, mi raccontò, sosteneva con passione il diritto dei profughi ad avere accesso all'istruzione all'interno del campo. Avevo molte domande da porle.*

*Incontrai Muzoon nella sua tenda, che condivideva con i genitori, due fratelli e una sorella minori e altri due famigliari. La tenda era angusta, ma tutti si dimostrarono molto felici di incontrare me e mio padre, e sollevati di apprendere che c'era chi si preoccupava della loro situazione.*

*Muzoon parlava poco l'inglese, ma non era un problema. Il luccichio nei suoi occhi e la speranza che si leggeva sul suo volto abbattevano qualunque barriera linguistica. Sentii una grande affinità fra di noi.*

*Dopo il nostro incontro, ripensai spesso a Muzoon. Per un po' persi i contatti e, quando la rividi, la sua famiglia si era trasferita in un campo vicino ad Azraq. Questa volta parlammo in una stanza dove si trovavano anche altre ragazze e una delle più giovani mi disse: «Malala, tu stai facendo un buon lavoro, ma la persona che mi ha cambiato la vita è stata Muzoon». Sorrisi e le chiesi di spiegarsi meglio. «Stavo per accettare un matrimonio combinato, ma lei mi ha convinta a studiare e mi ha aiutata a seguire i miei sogni.»*

*La gente ha cominciato a chiamare Muzoon «la Malala siriana»; io invece so che lei è la Muzoon siriana.*

*Malala*

Un volontario mi disse che c'era una ragazza che desiderava incontrarmi. Una ragazza che si batte per il diritto all'istruzione. Una ragazza che per la sua battaglia ha sofferto ma ce l'ha fatta.

Quando scoprii che a volermi incontrare era Malala, rimasi senza fiato.

Avevo sentito parlare di lei quando vivevo in Siria. Sapevo che era una forza della natura e che aveva fatto tesoro delle sue esperienze per cercare di cambiare la realtà delle ragazze nel mondo.

Sapevo che aveva due fratelli più piccoli e che suo padre era stato un insegnante. Avevamo molte cose in comune e aspirazioni simili. Io amavo andare a scuola e amavo sognare il mio futuro.

Ma quando nel 2011 ebbe inizio la guerra, tutto cambiò. Non ci fu più sicurezza, né pace. Ogni giorno si verificavano bombardamenti e sparatorie per le strade. Le scuole furono costrette a chiudere. Vivemmo sotto assedio per due anni, finché mio padre prese la dura decisione di fuggire dal nostro amato paese.

«Anche in un campo profughi la vita sarà migliore che qui», mi disse.

Io non sapevo nulla del campo profughi, ma capii che non avevamo altra scelta. Non avrei mai voluto lasciare il mio paese, era l'unica casa che avessi mai avuto, ma, nonostante i miei tredici anni, sapevo che se non lo avessimo fatto la nostra storia si sarebbe conclusa male.

Con molte altre persone che stavano abbandonando la Siria, viaggiammo in auto fino al confine e lo attraversammo di notte a piedi. Entrammo in Giordania senza sapere che cosa ci aspettava. Quando finalmente giungemmo al campo di Zaatari, ci sentimmo sollevati e grati di avere un riparo: una tenda di tre metri per tre divenne la nuova casa per me, i miei genitori, i miei fratelli e i miei zii. Eravamo in otto in uno spazio angusto, ma almeno eravamo insieme. Non per tutti era così, spesso persone estranee tra loro dovevano condividere l'alloggio.

Per dormire avevamo solo alcuni materassini, nessun mobilio e niente elettricità. Dovevamo fare un lungo tratto di strada a piedi per avere un po' di acqua, che usavamo per bere, cucinare e lavarci. Ma queste difficoltà non mi preoccupavano tanto quanto l'aver dovuto lasciare la scuola. Quell'anno frequentavo la prima superiore e, se non avessi continuato a studiare, non sarei potuta andare all'università. Sentivo di non poter perdere l'occasione di avere un futuro.

Mi rincuorò scoprire che nel campo c'era una scuola. Non vedevo l'ora di iniziare le lezioni e conoscere gli altri studenti. Andare a scuola significava avere un luogo dove recarmi ogni giorno e sapere che, anche lì dove non esistevano sicurezze, potevo concentrarmi sulla realizzazione del mio sogno di istruirmi e viaggiare per il mondo. Il primo giorno, tuttavia, rimasi stupita di vedere pochissimi alunni in classe. Mi sembrava assurdo.

Poco dopo, andai al centro ricreativo, dove ci si poteva incontrare per giocare o prendere in prestito libri dalla scarna biblioteca. Lì trovai un gruppo di ragazze della mia età. Mi avvicinai a loro e chiesi: «Perché non venite a scuola?».

Scoppiarono a ridere e una di loro mi disse: «E che ce ne importa?». Si misero a parlare del fatto che i loro genitori ritenevano che il miglior futuro per le loro figlie era un buon matrimonio.

Ma io sapevo che non era vero. Sapevo che sposarsi così giovani avrebbe intrappolato le ragazze in un circolo di infelicità e miseria.

Sentivo di dover fare qualcosa.

Così cominciai ad andare di tenda in tenda a parlare con la gente.

Un altro grosso ostacolo fu la convinzione che la permanenza nel campo sarebbe durata poco e che bastava aspettare il ritorno in Siria per riprendere la scuola. Lo capivo: per quanto potessi abituarmi a quella nuova vita, ogni mattina al risveglio mi sentivo sospesa, inquieta. Ma sapevo anche che l'unico modo per farcela era andare avanti. Non potevo rimanere ferma e fare finta che non succedesse nulla, e non potevo sopportare che gli altri facessero la stessa cosa.

«Nessuno sa quando torneremo in Siria. Forse dovremo restare qui per anni», continuavo a ripetere.

E infatti, molte di quelle ragazze vivono ancora lì, in una sorta di limbo. La guerra è diventata sempre più feroce e molti hanno perso la speranza.

Una delle ragazze che incontrai mi colpì. Mi disse che la sua famiglia voleva che sposasse un uomo di oltre quarant'anni, la stessa età di suo padre. Le chiesi che cosa ne pensasse e lei alzò le spalle e disse: «Che altro futuro posso avere?».

Capii che non era una domanda retorica, perciò le dissi: «Se la tua famiglia ti vuole bene, non ti lascerà sposare quell'uomo. Devi dire a tuo padre così: "Se davvero mi vuoi proteggere, mandami a scuola"».

Quando la rividi pochi giorni dopo, mi corse incontro dicendo: «Non mi sposo più! Verrò a scuola!».

Ero così felice che le presi le mani: «Io e te possiamo scatenare un effetto a catena. Se andiamo a scuola noi, verranno anche altri ragazzi».

Mi strinse le mani sorridendo, e in quel sorriso vidi la speranza.

# Najla

## MIGLIAIA DI PERSONE, PROPRIO COME NOI

*Sinjar, Iran – Dohuk, Iraq*

*La comunità yazida non è numerosa – meno di un milione di persone, perlopiù concentrate nel Nord dell'Iraq e in alcune zone della Turchia e della Siria –, ma i loro disperati appelli per la sopravvivenza si sono diffusi in tutto il mondo. Avevo sentito parlare delle ragazze yazide al telegiornale e ne incontrai alcune a Dohuk, in Iraq, dopo che erano state rilasciate dall'ISIS. La maggior parte di loro era incapace di parlare, a causa dei profondi traumi subiti. Forse non si riprenderanno mai dall'orrore che hanno vissuto. Eppure, una di loro era piena di speranza.*

*Najla aveva trovato una via di scampo che, come venni a sapere, non era nuova per lei. Quando compì quattordici anni, la sua famiglia le disse che non sarebbe più andata a scuola, ma avrebbe fatto la casalinga come molte altre ragazze yazide. Najla si rifiutò e per protesta fuggì sui monti Sinjar. Rimase lontana per cinque giorni. Quando tornò a casa, suo padre era così arrabbiato che non le rivolse la parola per un anno. Tuttavia, le permise di tornare a scuola.*

*Questa è una delle prime storie che Najla mi raccontò quando la incontrai, e mi fece capire che non era solo determinata, ma anche tenace. Con i suoi capelli schiariti e tinti di azzurro sulle punte, era una ragazza che si faceva notare. Quel giorno mi chiese di parlarle della speranza e di che cosa si può fare quando la si perde. Najla ha visto e sopportato tanto nella sua giovane vita, ma so che non perderà mai la speranza. Per questo fu una delle due ragazze che durante il mio Girl Power Trip – il viaggio per dare voce alle ragazze – invitai a venire con me all'Assemblea generale dell'ONU. (L'altra fu Marie Claire, che conoscerete più avanti.) Davanti a una sala piena di leader da*

*tutto il mondo, Najla disse: «Non voglio che altre ragazze soffra-*
*no quanto ho sofferto io. Non tutte le ragazze sono in grado di*
*combattere come ho fatto io».*

*Malala*

Fin da bambina, prima che arrivassero i terroristi, pensavo sempre che mi mancasse qualcosa.

Sono nata in una numerosa famiglia nella regione del
Sinjar, nel Nord dell'Iraq, vicino alla grande e cosmopolita città di Mosul. Ho otto fratelli, cinque dei quali sono
più piccoli di me, e quattro sorelle più grandi. Siamo yazidi, una minoranza religiosa né musulmana né cristiana.

Quando compii otto anni, notai che molti dei miei vicini frequentavano la scuola, ma io no. Chiesi quindi ai
miei genitori: «Perché non vado a scuola come tutti gli altri?». A loro non interessava che le figlie femmine ricaves-
sero un'istruzione, ma mio fratello maggiore sostenne le
mie ragioni e convinse mio padre a permettere a me e a
una delle mie sorelle di studiare.

Durante il mio primo anno sentii che mi si stavano a-
prendo gli occhi: la scuola era la mia porta per conoscere
il mondo. Quando terminai le medie, mio padre decise di
non lasciarmi continuare, sostenendo che quel che avevo
imparato era sufficiente.

Ma per me non lo era affatto.

Mio padre voleva che facessi la casalinga, come le altre
ragazze yazide della mia età. Non era solo lui a pensarla
così, ma tutta la comunità. Le decisioni lì venivano prese
assieme.

Avevo quattordici anni e sapevo di essere una ragazza
intelligente. Volevo andare a scuola e così scappai, non mi
venne in mente altro. Rimasi per cinque giorni presso un
monastero sui monti Sinjar, ma capivo che non avrei potuto rimanerci per sempre. Quando tornai a casa, trovai
mio padre infuriato e mia madre imbronciata, anche se
sapevo che, dentro di sé, lei e le mie sorelle erano orgo-

gliose di me e mi appoggiavano, perché stavo combattendo per qualcosa che desideravo fortemente.

Non fu facile vivere per un anno con mio padre che si rifiutava di parlarmi, ma rimasi ad attendere paziente. Infine, con l'aiuto di mio fratello maggiore Ismat, mio padre cambiò idea e mi lasciò tornare a scuola.

Frequentai il primo anno delle superiori, ma nel 2012 il marito di mia sorella, un militare, fu ucciso. E subito dopo, una mia amica e vicina si suicidò dandosi fuoco: uno dei suoi fratelli aveva saputo che aveva un fidanzato e lo aveva detto a suo padre; lei era così terrorizzata da pensare di non avere altra scelta che morire.

Quando la vidi correre fuori da casa avvolta dalle fiamme, qualcosa dentro di me si ruppe. Da quel momento non riuscii più a concentrarmi nello studio, stavo molto male.

Nel 2013 tornai a scuola e sentii che mi stavo riprendendo. Ero decisa a finire le superiori e andare all'università.

Ma nell'agosto del 2014 l'ISIS mandò in frantumi i miei sogni.

Avevamo sentito dire che gli uomini dell'ISIS rapivano le donne e facevano loro cose terribili. L'età non contava: bambine, anziane… E si accanivano contro gli yazidi. Andavano da un villaggio all'altro e radevano al suolo ogni cosa. Uccidevano gli uomini e rapivano le ragazze e le donne. Uccidevano anche i bambini e spesso seppellivano vive le loro vittime. Un genocidio.

Venimmo a sapere che avevano conquistato Mosul, a meno di due ore da casa nostra. Ma ancora non credevamo che sarebbero arrivati fino a noi. Una notte, invece, mentre guardavamo le notizie alla televisione, ci ritrovammo completamente al buio. Il nostro villaggio era rimasto senza elettricità, e questo era un brutto segno.

La gente era già fuggita, preoccupata dell'arrivo dell'ISIS. Cominciammo a temere che avessero avuto ragione.

Avevamo cercato di andare a Dohuk, ma l'ISIS controllava le strade ed era troppo pericoloso. Eravamo in trappola.

Quella notte dormimmo sul tetto della casa. Due dei miei fratelli rimasero di guardia e quando videro alcune luci in lontananza ci svegliarono. Una colonna di auto e camion veniva verso di noi. Riuscivamo a vederne i fari che facevano capolino nell'oscurità e sentivamo il rombo dei motori.

A piedi scalzi ci precipitammo alla macchina, dove avevamo gia caricato i bagagli per la fuga. Mentre ci stipavamo in diciotto dentro una sola auto, udimmo le esplosioni e gli spari sempre più vicini.

Senza accendere i fari raggiungemmo i monti Sinjar, gli stessi dove ero fuggita qualche anno prima. Mio padre cercava di tenere la strada e io gli davo indicazioni seduta in grembo a mia sorella sul sedile posteriore. Un'altra sorella sedeva accanto a nostro padre e ansimava per la paura. Era così spaventata da non riuscire a parlare.

Sulle montagne trascorremmo otto giorni. Non eravamo i soli ad aver abbandonato il villaggio. A migliaia erano in fuga proprio come noi. Qualcuno raccontava storie di persone che si erano finte morte gettandosi sopra i corpi massacrati dei propri famigliari. Eravamo fortunati a essere ancora vivi e insieme. Ma a casa non tornammo più.

Il giorno dopo ci recammo a Dohuk, una città nella regione del Kurdistan, dove Ismat lavorava in un hotel. Ma non potevamo permetterci di soggiornare all'hotel. Trovammo rifugio in un edificio abbandonato, privo delle finestre e delle pareti interne, con una facciata di cemento e spazi interni grezzi, e lì ci accampammo. Vivemmo in quell'edificio per sei o sette mesi insieme con più di cento altre famiglie. Mi sentivo felice, perché la mia famiglia era sopravvissuta a quello che, come apprendemmo in seguito, era stato uno dei peggiori massacri nella storia della comunità yazida. Incontrammo persone che avevano perso tutto tranne uno o due famigliari. Sentimmo altre storie di militanti dell'ISIS che rapivano le donne, persino bambine di cinque o sei anni. Più storie sentivo raccontare e più sapevo di essere fortunata: fortunata di essere con la mia famiglia, fortunata di essere rimasta sana, fortunata di essere viva.

E poco dopo ebbi anche la fortuna di incontrare Malala.

Avevo letto di lei e non riuscivo a credere che l'avrei conosciuta. Le raccontai della mia vita e di come insegnavo ai bambini più piccoli del nostro edificio a leggere e scrivere, perché volevo infondere loro speranza. Malala mi chiese quale fosse il mio più grande desiderio e io le risposi che era quello di poter frequentare l'università. Ma confessai che non sapevo se sarebbe stato possibile, e le chiesi consiglio.

«Sono una persona forte e sicura di sé. Ma se un giorno perdessi la speranza, che cosa potrei fare? Dove potrei ritrovare la mia forza?» le domandai.

Lei sorrise timidamente e mi rispose: «Se perderai la speranza, saprai guardare dentro di te e riconoscere ciò che hai già raggiunto. Sei già una persona forte».

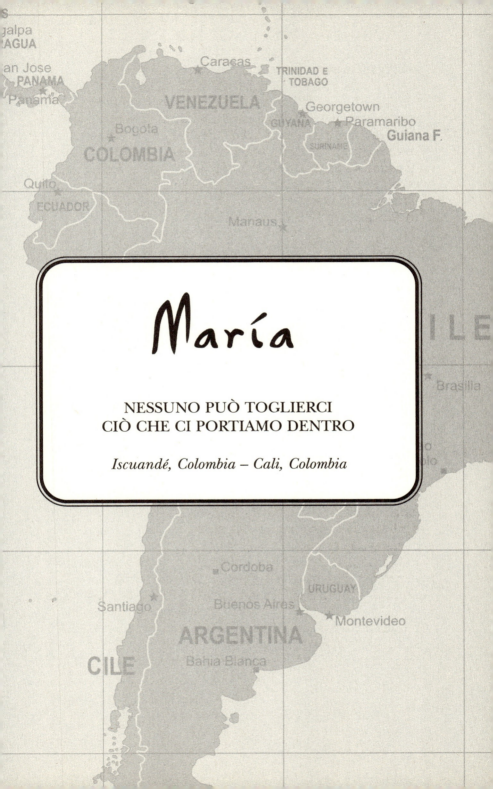

# María

## NESSUNO PUÒ TOGLIERCI
## CIÒ CHE CI PORTIAMO DENTRO

*Iscuandé, Colombia – Cali, Colombia*

*Nell'estate del 2017, durante un viaggio in Messico, incontrai molte ragazze latino-americane sfollate a causa della violenza. Durante quel viaggio imparai una nuova parola:* luchadora. *In spagnolo significa «donna combattente». Mentre alcune* luchadoras *si battono per la gloria, le ragazze che incontrai quel giorno si stavano battendo per il diritto all'istruzione e a una vita migliore.*

*María è una di queste ragazze. Ed è anche una dei 7,2 milioni di persone che sono state costrette ad abbandonare la loro casa durante la guerra civile in corso in Colombia da oltre quarant'anni.*

*Ogni volta che María si sentiva sopraffatta, cercava di concentrarsi sulla sua creatività. Quando aveva sedici anni, aveva realizzato un documentario che mostrava cosa significa dover lasciare la propria casa, perché – mi disse – voleva che la gente vedesse «come i profughi lottano per poter andare avanti».*

*Alla fine del nostro incontro, prima di salutarla, María ballò per noi. Fu un'esibizione breve, ma ci ritrovammo tutti a ridere e a battere le mani. E quando María sorrise, vidi in lei la gioia, la determinazione e la forza interiore che le permettono di guardare sempre avanti.*

*Malala*


Quanto vorrei sentire la presenza di mio padre! È così difficile riuscire a vederlo, anche quando chiudo gli occhi. I miei ricordi di lui sono come annebbiati.

Sono cresciuta sulla costa della Colombia, in una zona

rurale. Mio padre era un contadino. Se volevamo la frutta ci bastava uscire nel cortile davanti a casa e prendere un mango dall'albero, o un'arancia, o quel frutto tipico della Colombia che si chiama *chontaduro*. Avevamo galline e maiali, e gli ortaggi che mia madre coltivava nel suo orto. Avevamo campi dove correre e giocare. Quando penso alla parola «casa», queste sono le immagini che mi vengono in mente.

Ce ne andammo quando avevo quattro anni, prima che molti ricordi potessero radicarsi nella mia memoria. Le mie immagini infatti si basano sui racconti dei miei fratelli maggiori e sulle descrizioni di mia mamma di ciò che abbiamo perduto. Mi sembra di ricordare qualcosa, ma forse ricordo solo quel che mi è stato raccontato.

Lo stesso posso dire di mio padre. La mamma dice che gli assomiglio, che abbiamo lo stesso viso rotondo e le guance piene.

Io non lo ricordo così bene, ma non posso certo dimenticare il giorno in cui abbandonammo la nostra casa.

Mia sorella maggiore aveva diciott'anni. «Perché dobbiamo andarcene?» domandò.

«Dobbiamo andare a cercare lavoro», rispose mia madre.

Era sera e non sapevamo dove fosse mio padre. La mamma correva da una parte all'altra e mia sorella le chiese: «È successo qualcosa a papà? Dov'è adesso?».

«Lui deve restare qui per ora. Ci raggiungerà tra un po' di tempo.»

Quella notte io, mia madre e i miei quattro fratelli salimmo su una piccola imbarcazione per attraversare il fiume. Eravamo di fretta e questo mi spaventò. All'epoca non sapevo che stavamo fuggendo.

Quando finalmente arrivammo a Cali, la seconda città della Colombia per estensione, mia madre mi diede un orsetto di peluche e, senza alcuna espressione sul volto, mi disse: «Questo è da parte di papà».

Era il suo modo per dirmi che papà era stato ucciso il

giorno prima e che noi eravamo in fuga, perché temevamo che la stessa fine sarebbe toccata anche a noi. Per anni ci tenne nascosta la verità.

A Cali non avevamo un posto dove andare. Finimmo quindi in una sorta di grande campo, una città di tende costruite con teli di plastica e qualunque altro rifiuto potesse fungere da riparo. Era uno dei molti insediamenti improvvisati sorti a causa delle violenze che si erano diffuse in tutto il paese.

Odiavo quella vita. Anche le più semplici azioni quotidiane, come lavarsi i denti o lavare i vestiti, erano rese difficili dal fatto che c'erano solo due rubinetti per 800 persone. Mia madre doveva fare lunghe code per avere acqua e cibo.

«Ma, mamma, perché dobbiamo stare in coda? Dove sono gli alberi di mango?» le chiedevo.

Non capivo perché non potessimo tornarcene a casa. Non capivo perché non avessimo più una casa.

Mia madre ci spiegò che le cose erano cambiate. Il cibo lo dovevamo comprare e per questo avevamo bisogno di soldi, perciò andava di tenda in tenda a offrirsi come lavandaia.

Anche se avevo solo quattro o cinque anni, sentivo la costante pressione della povertà e della delinquenza che ne deriva; per il campo giravano infatti bande di uomini violenti. Le sparatorie erano quotidiane, così come la paura di essere colpiti da proiettili vaganti. A peggiorare la situazione c'era il fatto che noi eravamo di pelle più scura rispetto al resto della popolazione della Colombia e parlavamo con l'accento tipico della gente di campagna.

La mia famiglia perciò si notava, e venivamo trattati in maniera orribile, peggio che se fossimo animali.

Ancora così piccola, imparai il significato dell'essere profughi, anche se non ne conoscevo il termine. Solo quando lasciammo quel posto – avevo sette anni – mia madre finalmente pronunciò quella parola.

«Siamo profughi», mi disse. La parola mi era nuova, ma la sensazione no.

Mia madre l'aveva appresa da un'organizzazione che si curava delle famiglie fuggite dalle loro abitazioni e che ci aiutò a trovare una nuova sistemazione. Ci trasferimmo infatti in una casa e, nonostante fosse sicuramente meglio di una tenda, era così fatiscente che ogni volta che pioveva entrava l'acqua.

Ma non ci lamentavamo.

Grazie all'organizzazione, mia madre si unì a un gruppo di supporto dove le persone potevano condividere tra loro le proprie storie. Iscrisse me e i miei fratelli a un progetto teatrale che si svolgeva durante tutti i weekend.

Recitavamo un testo scritto dai ragazzi, basato sulle loro storie personali. Tutti nel gruppo erano arrivati a Cali da varie zone della Colombia e ciascuno raccontava la storia del suo viaggio. Nonostante fossimo arrivati lì da luoghi e ambienti diversi, le nostre storie si assomigliavano, poiché tutti eravamo stati costretti ad andarcene per non rischiare di morire. Ciascuno di noi raccontava un pezzo della sua storia in un modo che alla fine componeva la storia comune dei profughi all'interno del proprio paese. Intitolammo il nostro testo: *Nessuno può portarci via ciò che portiamo dentro*.

Dopo quella prima casa fatiscente, ho traslocato otto volte. Ma non mi sono mai sentita «a casa» in nessun posto tranne quello che tengo vivo nella mia memoria, con i ricordi di quand'ero bambina, prima che tutto il mio mondo cambiasse. Anche se il governo ha dichiarato finita la guerra, il luogo che un tempo chiamavo casa è ancora considerato territorio di guerriglia. E andarci non è ancora sicuro. Inoltre, siamo lontani da così tanto tempo che saremmo degli estranei anche là.

Perciò quando sogno la mia casa, sogno i mango che coglievo dal nostro albero. Sogno la quiete e l'erba. Sogno la pace. E i miei sogni non può portarmeli via nessuno.

# Analisa

## FORTUNATA

*Guatemala – Messico – Texas – Massachusetts*

*Mentre donne e bambini in tutto il mondo fuggono da guerre e terrorismo, ci sono alcune regioni in cui la violenza e l'oppressione si verificano all'interno delle comunità o addirittura dentro le case. Analisa si è trovata in questa situazione e ha rischiato tutto in nome di quella che sperava essere una vita migliore e più sicura.*

*Come molti prima di lei, scoprì che fuggire dalla propria quotidianità in Guatemala era solo l'inizio. Il viaggio è così pericoloso che non tutti coloro che lo intraprendono sopravvivono.*

*Eppure, il numero di persone che fuggono dall'America centrale, in particolare dal Guatemala, dal Salvador e dall'Honduras, continua a crescere rapidamente. Secondo l'Alto commissariato delle Nazioni Unite per i rifugiati (UNHCR), quasi 300.000 persone provenienti dalla regione hanno richiesto asilo nel 2017. Analisa prese una decisione, come molti prima e dopo di lei continueranno a fare. Una decisione che non contempla la possibilità di tornare indietro.*

*Malala*


Era buio.

Stavamo avvicinandoci all'ultima casa sicura lungo il tragitto, quando qualcuno disse che quelli dell'Immigrazione erano stati lì la sera prima. Mi si fermò il respiro.

«Se arriva l'Immigrazione, corri più veloce che puoi e nasconditi», sibilò la nostra guida. Ci aveva urlato contro sin dall'inizio: «Sbrigati!», «Stai zitto!», «Stai fermo!». Ci trattava come animali.

101

Poi iniziarono i mormorii: «Se l'Immigrazione ti dovesse catturare, finiresti in prigione per poi essere riportata di nuovo nel tuo paese. Se non ti cattureranno, probabilmente ti perderai e non raggiungerai mai gli Stati Uniti».

Mi prese il panico, anche perché non avevo idea di come tornare in Guatemala. Iniziai a pensare che fare quel viaggio era stato uno sbaglio.

Fino all'età di quattro anni, ero vissuta con mia madre a Mazatenango, una piccola cittadina del Guatemala, in una casa di una sola stanza e senza elettricità. La mamma lavorava tutto il giorno – vendeva fiori al mercato – e poi restava fuori fino a notte fonda. Praticamente non era mai a casa. Mia sorella maggiore si prendeva cura di me e l'altra mia sorella, anch'essa più grande, mi portava a scuola con sé per non lasciarmi sola. In casa non c'era mai cibo. Ricordo che avevo sempre fame.

Poi mia madre morì. I miei genitori non erano mai stati insieme, ma mio padre venne al funerale e poi mi portò a casa sua, a vivere con lui e sua moglie. Pensava che mia sorella fosse troppo giovane per prendersi cura di me, e pensava che il padre degli altri miei fratelli mi avrebbe trattata male perché non ero sua figlia. Quando festeggiai il mio quinto compleanno a casa di mio padre, lui fece una torta per me. Era la prima torta che avessi mai avuto.

Mio padre era giocoso e amorevole, ma anche severo: voleva che dopo la scuola andassi direttamente al mercato, dove aveva un banchetto di tessuti, per fare i compiti. Insisteva perché avessi una bella calligrafia. Quando controllava i miei compiti mi prendeva in giro: «Quel numero si è addormentato!» diceva, indicandone uno che non era perfettamente diritto.

Iniziò anche a portarmi in chiesa e venni battezzata nella fede avventista. Papà mi insegnò a rispettare gli altri, a temere Dio e a non smarrire la mia strada. Voleva infatti che vivessi secondo le mie potenzialità. E, a differenza di mia madre, non mi lasciava mai a casa da sola. Possedeva una motocicletta, e con quella andavamo dappertutto. Quei giri mi facevano venire sonno e lui, temendo che potessi scivolare e cadere a terra, comprò una cintura gialla che mi legava intorno alla vita.

Era la mia cintura di sicurezza.

Avevo appena compiuto quindici anni, quando mio padre fece una brutta caduta all'indietro da una rampa di scale.

In quei giorni c'era con noi il mio fratellastro Oscar. Lo conoscevo a malapena e non mi piaceva molto. Mio padre non volle che lo portassimo in ospedale, insistendo che stava bene, ma quando iniziò a parlare e a comportarsi in modo strano, Oscar lo portò comunque a farsi visitare.

Papà non tornò più a casa.

Dopo la sua morte, la mia matrigna faticava a riprendersi dal lutto e Oscar si trasferì da noi. Rilevò il banco al mercato e sconvolse la mia vita. Era terribile: non voleva che uscissi da casa né che andassi a lavorare. Avevo intenzione di finire la scuola e frequentare l'università per diventare medico, e a questo scopo stavo risparmiando il denaro che avevo guadagnato al banchetto di mio padre. Ogni domenica, dopo aver lavorato tutta la settimana, mio padre mi dava 10 quetzal. Mi diceva di comprarmi quello che volevo, invece io nascondevo i soldi sotto il mio letto. Volevo usare quel denaro per qualcosa di grande.

Un giorno, però, Oscar trovò i miei soldi. Mi sgridò: «Dove li hai presi?». Gli risposi che erano i risparmi di molti mesi, ma lui mi accusò di averli sottratti dal banco.

Dopo che Oscar mi ebbe portato via quel denaro, capii di essere in trappola. Quest'uomo che non conoscevo non si sarebbe preso cura di me. Nel frattempo, la mia matrigna, che era a dir poco fragile, si ammalò gravemente. Penso che avesse il cuore spezzato.

Mi struggevo per capire che cosa fare; sapevo che non potevo vivere nella stessa casa con Oscar, ma non avevo un altro posto dove andare.

Fu allora che il mio fratellastro Ernesto mi chiamò dagli Stati Uniti. Era figlio biologico di mia madre, ma non avevo alcun ricordo di lui. Aveva lasciato il Guatemala quando aveva quindici anni, la mia stessa età in quel momento. Mia madre non si era presa cura nemmeno di lui e così Ernesto aveva capito che sarebbe stato meglio cavarsela da solo. Aveva saputo della morte di mio padre da mia sorella maggiore, che era una senzatetto e non aveva soldi per badare a me.

Così Ernesto disse: «Vuoi venire a vivere con me?».

Chiusi la telefonata, confusa. Sapevo che non potevo rimanere con Oscar, e la mia matrigna non era in grado di occuparsi di me. D'altra parte, conoscevo Ernesto a malapena. Era il mio fratellastro, ma anche Oscar lo era. Questo non significava niente per me. Chiesi quindi a Dio di guidarmi.

«Per favore, mandami un segno», dissi.

Non pioveva da molto tempo, così pregai: «Se sabato manderai la pioggia lo considererò un sì, andrò e mi proteggerai. Se non pioverà, allora non andrò. Significherà che non vale la pena di rischiare».

Quel sabato, per la prima volta da settimane, piovve.

Quando Ernesto mi chiamò la volta successiva gli dissi che ero pronta.

La mia matrigna stava ascoltando la telefonata. Quando riappesi, scoppiò a piangere. Le promisi che sarebbe andato tutto bene. Le raccontai della pioggia. Le dissi che avevo fede.

Ai miei amici confessai che non avrei finito l'anno scolastico, perché stavo per partire. Loro mi provocarono un po' dicendo che una volta negli Stati Uniti non mi sarei ricordata di loro. Quando ne parlai ai miei insegnanti, si misero a ridere. Nessuno credeva davvero che stessi per andarmene. Tutto ciò mi rattristò.

Il mio ultimo giorno di scuola fu un martedì e passai due giorni a lavorare al banco di mio padre. Il giovedì comprai un paio di scarpe nuove, che mi sarebbero servite per il viaggio. Poi, il venerdì, tutti i miei amici vennero a casa mia. Alla fine mi commossi. Mentre abbracciavo ciascuno di loro dicendogli addio, combattevo contro le lacrime. Sapevano che stavo facendo sul serio. Un amico mi stava insegnando a suonare la chitarra; l'aveva portata con sé e cantò una canzone d'addio per me. Poi la cantammo insieme.

Quando andai a salutare la mia matrigna, ci abbracciammo, lei pianse e disse che avrebbe sempre pregato per me. Era così malata in quel periodo che mi sentivo più preoccupata per lei che per me stessa.

Quella notte Oscar disse che era stanco di prendersi cura di me. Non so perché sia sempre stato così rancoroso nei miei confronti, ma le sue parole rafforzarono la mia decisione di andarmene.

Il giorno dopo, salii su un autobus per Petén, una regione del Guatemala al confine con il Messico. Passai la notte in una casa sicura insieme con altre cinque persone che facevano il mio stesso viaggio: due tizi robusti, una donna salvadoregna e due ragazzi della mia età. Non parlammo dei motivi per cui stavamo partendo. Ma sapevo che ognuno di loro sentiva, esattamente come me, che non c'era altra scelta.

Raggiungemmo il confine con il Messico, dove attraversammo un fiume che si trova per metà in Guatemala e per metà nel Chiapas, in Messico.

Infine salimmo su una piccola zattera di legno. Gli uomini che ci scortavano erano armati di pistole. «Per gli animali», dissero. Capii quello che intendevano dire quando vidi i coccodrilli scivolare silenziosamente dalla riva giù nell'acqua. Per la prima volta ero veramente spaventata. Eravamo nel bel mezzo della giungla, c'erano scimmie che si dondolavano tra gli alberi sopra le nostre teste e grandi rocce nell'acqua che dovevamo evitare. Cominciò a piovere e vidi dei vortici davanti a noi: iniziammo a traballare parecchio nell'acqua agitata. Gli altri si misero a

urlare; se avessimo colpito una roccia o fossimo stati trasci-
nati via dalla corrente, la zattera sarebbe sprofondata.
Chiusi gli occhi e pregai per tutta l'ora che ci occorse ad
attraversare.

Quando la zattera toccò il suolo messicano, respirai.

Una volta in Messico, salimmo su un camion con altre
25 persone provenienti da tutto il Centro America. Venimmo a sapere che i funzionari dell'Immigrazione erano
stati lì la sera prima; quindi dovevamo essere molto cauti.
Dopo aver guidato per ore su strade sterrate e sconnesse,
ci fu ordinato di risalire una collina e scendere lungo il
versante opposto, tutto nel buio pesto. Alla fine giungemmo a una casa in costruzione, dove potemmo riposare.
Ero così stanca che mi addormentai subito. Se qualcuno
non mi avesse svegliata, sarei rimasta lì.

In seguito, ci stringemmo su un furgone che ci portò in
un altro luogo, dove dovemmo scendere e correre verso il
punto di raccolta successivo. Fu un vero caos. Prima ancora che il veicolo si fermasse completamente, oltre 100 persone ricevettero l'ordine di muoversi il più rapidamente
possibile. Vidi un ragazzino gettato sul pianale come se
fosse una bambola. Una donna incinta stava piangendo
mentre gli uomini incaricati di guidarci la spingevano gridando. Era un carro bestiame, e noi eravamo davvero trattati come bestie. Non c'era abbastanza spazio per così tanta gente e mi ritrovai schiacciata contro tutti quegli estranei. Viaggiammo così per due giorni.

Quando raggiungemmo il successivo rifugio in Messico,
aprii il mio zaino. Non so cos'avrei dato per una doccia e
un cambio di vestiti. Avevo due camicie, due paia di pantaloni e un po' di biancheria intima. Scoprii che la mia
matrigna aveva infilato anche un piccolo asciugamano.

Ero così felice di averlo. Pensavo di poter arrivare negli
Stati Uniti in una settimana, invece rimanemmo bloccati
in quel villaggio per un mese intero, perché un altro camion come quello con cui eravamo arrivati si era capovolto con il suo carico di immigrati. C'erano stati molti mor-

ti. L'Immigrazione batteva continuamente l'intera area e ci venne ordinato di rimanere fermi.

Per fortuna ero in compagnia di brave persone. Soprannominammo il nostro ospite «Iguana», perché aveva un tatuaggio che raffigurava quell'animale. Cinque di noi dormivano nella sua casa; aveva un figlio piccolo che ci invitava a guardare i film o a giocare a calcio con lui. Quando venne l'ora di ripartire, mi sentii un po' triste, erano stati molto gentili con noi.

Durante l'ultima parte del viaggio, iniziai a chiedermi se avessi fatto la scelta giusta.

L'uomo che ci venne incontro al confine con il Texas continuava a intimare minacciosamente a tutto il nostro gruppo di tacere. Gridava: «State calmi!» in un modo che incuteva a tutti una grande paura. Ci condusse al fiume e lì ci disse di lasciare i nostri averi e attraversare solo con i vestiti che indossavamo.

Presi un respiro profondo, pregai che tutto andasse bene e salii sulla zattera. Ero così vicina alla meta. Ma avevo sentito raccontare che attraversare quel fiume era molto pericoloso, perché lì la maggior parte degli immigrati veniva catturata e rimpatriata prima ancora di entrare negli Stati Uniti.

Quando la nostra zattera toccò la riva, non ci fu nemmeno il tempo di provare sollievo; la nostra guida ci disse di correre più veloce che potevamo. Vicino a me avevo due ragazzi della mia età, una giovane madre, suo figlio di tre anni e una donna anziana. Eravamo tutti d'accordo di rimanere uniti.

Ci era stato detto di cercare una piccola luce vicino a un ponte e seguirla, ma c'erano così tante piccole luci in lontananza! Corremmo per due ore. L'anziana faticava a tenere il passo. Ripeté più e più volte: «Non ce la faccio».

Anch'io stavo per arrendermi quando davanti a me vidi la strada. A quel punto la donna anziana riusciva a malapena a camminare. Da lì a poco una macchina della polizia si fermò, ne scesero alcuni uomini in divisa e ci fecero inginocchiare lungo la strada. Ci gridarono di toglierci le cinture e le stringhe delle scarpe. Ci portarono quindi in un gigantesco magazzino, dove ci fecero sedere sul pavimento di cemento.

Uno dei poliziotti continuava a gridare in spagnolo: «Perché state facendo questo? Vi piace soffrire?».

Era l'unica persona che parlava spagnolo.

Ci condussero in una stanza dove faceva un freddo terribile (scoprii che la chiamavano *hielara*, che in spagnolo significa «ghiacciaia»). Ci diedero alcuni teli isotermici e ci dissero di allinearci per essere contati e registrati.

Ero così stanca che avevo la testa che ciondolava, ma una guardia continuava a colpirmi per tenermi sveglia. Ci presero le impronte digitali, ci pesarono e ci fotografarono.

Mi chiesero se negli Stati Uniti avevo qualcuno che poteva garantire per me, e io feci il nome di Ernesto. Mi chiesero il suo numero di telefono. L'avevo memorizzato, ma anche scritto dentro i pantaloni, per ogni evenienza.

Alla fine, mi portarono in una stanza e mi diedero un telefono.

«Analisa?» Era Ernesto. «Stai bene?»

Gli assicurai che stavo bene, ero solo stanca.

Non ebbi tempo sufficiente per dirgli che mi sentivo anche un po' sollevata. Perché udivo la sua voce. E perché ce l'avevo fatta.

Quella stessa notte mi caricarono su una macchina e mi portarono in un posto chiamato *perrera*, che significa «canile». Come nel caso della ghiacciaia, non conosco il nome ufficiale. Era un magazzino gigantesco, diviso da catene che delimitavano diverse sezioni e ti facevano sentire come se fossi un cane in gabbia.

Perlomeno mi misero con altre ragazze della mia età, mentre i ragazzi finirono in un luogo separato. Per distrarci, mettemmo a confronto i nostri viaggi. «Sei passata da quel posto? Che cosa ti ha spaventato di più? Hai incontrato persone simpatiche lungo la strada?»

Una ragazza del Salvador mi disse che aveva viaggiato con un'altra ragazza, che però non ce l'aveva fatta.

«Che cosa è successo?» le domandai.

Mi raccontò che erano arrivate in treno, e io sapevo che era davvero un mezzo pericoloso: bisogna saltare sul tetto dei vagoni mentre il treno esce dalla stazione o rallenta in qualche punto lungo il percorso. Quando la sua amica saltò, si ferì gravemente a una gamba. Sanguinava così tanto che morì sul treno. Nessuno sapeva che cosa fare e qualcuno si fece prendere dal panico tanto che gettarono il cadavere fuori dal treno in corsa.

La ragazza tremava mentre raccontava la storia. Era ancora traumatizzata dall'esperienza e ne capii il motivo: non era la prima volta nel corso del viaggio che mi sentivo fortunata a essere ancora viva.

Se non mi sbaglio, rimasi in quel luogo due giorni. Ma non ne sono sicura, perché le luci erano accecanti e non c'erano finestre che ci facessero capire quando era giorno e quando era notte.

Trascorsi quelle giornate a parlare con le altre ragazze. Chiesi a tutte per quanto tempo pensavano che saremmo rimaste lì, ma nessuna lo sapeva.

Altri piangevano, specialmente i più piccoli. Le ragazze più grandi e io provammo a calmarli, ma nessuno di noi sapeva che cosa sarebbe successo.

Stavamo sedute e guardavamo le altre ragazze alle quali erano stati messi dei braccialetti intorno ai polsi o alle caviglie; altre ancora avevano delle catene. Nessuno sapeva perché né chi sarebbe stata la prossima. Dal momento che non conoscevamo l'inglese, e nessuna delle guardie parlava spagnolo, non capivamo nemmeno una parola di quello che dicevano. Studiavamo i loro gesti e facevamo del nostro meglio per immaginare quel che volevano da noi. Ma era impossibile.

Alla fine, dopo cinque giorni divisi tra la ghiacciaia e il canile, fui portata in un rifugio con alcune ragazze della mia età. Ora so che si tratta di ricoveri per l'infanzia gestiti dall'Ufficio per il reinsediamento dei rifugiati. Sono luoghi pensati specificamente per i minori che arrivano qui da soli.

All'inizio mi piaceva, avevo un letto e potevo fare la doccia. Non mi disturbava che un fischietto ci svegliasse ogni mattina alle 6, come se fossimo stati dei soldati. Andavamo a lezione per imparare l'inglese e alla sera guardavamo un film. Ma ero impaziente, perché non avevo idea di quanto a lungo mi sarei fermata in quel luogo. Qualcuno era lì da sei mesi, altri da oltre un anno.

Mio fratello, nel frattempo, stava facendo tutto il possibile per tirarmi fuori da lì. E dopo sei settimane, ci riuscì. Fu così felice di vedermi: ce l'avevo fatta! Ero viva, ma la mia mente era svuotata. Tutto era così estraneo, incluso lui. Non ne avevo alcun ricordo, anche se sapevo di averlo incontrato da piccola. E questo nuovo paese si era finora rivelato inospitale.

Ma qualunque cosa accada, anche dopo tutto quello che ho passato e che ancora passerò, so che non sono sola, perché Dio è sempre con me.

Prima di lasciare il Guatemala, gli chiesi un segno, e piovve. Pregavo anche che vicino a dove avrei vissuto ci fosse una chiesa. Non ho mio padre, ma ho la mia fede.

E quando arrivai a casa di mio fratello, vidi che abitava proprio alle spalle di una chiesa avventista. Alzai lo sguardo al cielo e pensai: "Dio, ti ringrazio".

# Marie Claire

## UN NUOVO INIZIO

*Congo – Zambia – Pennsylvania*

*Ho incontrato Marie Claire a Lancaster, in Pennsylvania. Mi avevano invitato a unirmi a un programma annuale in onore dei profughi e alla comunità che li ospitava lì. Lancaster è spesso definita la capitale americana dei rifugiati, ho scoperto, e pur avendo ricevuto l'invito un paio di anni addietro, quella fu la prima volta in cui mi trovai nelle condizioni di accettarlo.*

*La mia visita fu una sorpresa per tutti i presenti e tenni un discorso. A volte le cose vanno così: entro inaspettatamente in una stanza e poi parlo alle persone straordinarie che sono presenti.*

*Ma in occasione di eventi del genere mi interessa più ascoltare che parlare. Quel giorno rimasi seduta lì con sei ragazze e ragazzi rifugiati, ognuno che raccontava la propria esperienza. Rammento Marie Claire non soltanto per la storia che raccontò, ma anche per quella che invece tacque. Era piena di energia, ma ho percepito il dolore nel suo cuore e intuito le lacrime nei suoi occhi. Quando ha parlato ho sentito tanto il suo trauma quanto la sua esultanza. L'immagine del momento in cui ha rivelato il proprio passato mi si è impressa nella mente.*

*Malala*

Mia madre mi ripeteva: «Marie Claire, che cosa desideri? Devi seguire i tuoi sogni!».

Me lo disse per la prima volta quando tornai a casa da scuola piangendo perché gli altri ragazzi erano molto cattivi con me. Ero arrivata nello Zambia l'anno prima, dopo essere fuggita con la mia famiglia dalla violenza esplosa nella Repubblica Democratica del Congo. Non parlavo

113

bene la lingua del posto né somigliavo ai miei compagni di classe. Mi prendevano in giro, mi insultavano e arrivavano persino a sputarmi addosso.

Imploravo mia madre: «Ti prego, non farmi tornare là!».

E lei mi accarezzava la testa mentre piangevo sul suo grembo e diceva: «Non curarti di loro, Marie Claire! Segui i tuoi sogni».

Stavo pensando a quelle parole quando mi alzai, il 16 giugno 2016. Le prime cose che ho visto sono state il mio tocco e la mia toga rossi appesi all'anta del mio armadio. La sera prima li avevo messi lì di proposito: dovevo assolutamente vederli, capire che stava succedendo davvero.

Sentii mio padre e i miei fratelli e sorelle in cucina, e l'acciottolio dei piatti della colazione. Lui stava parlando con una voce tonante e colma di orgoglio che riempiva la casa.

Era il grande giorno in cui il mio sogno si sarebbe realizzato: stavo per diventare la prima persona della mia famiglia a diplomarsi. Avevo il cuore colmo di gioia e al contempo spezzato. Quello era anche il sogno di mia madre, lei avrebbe dovuto essere lì per assaporarlo con me.

Ero piccola quando la mia famiglia lasciò il Congo, non so di preciso quanti anni avevo e non serbo molti ricordi felici di quell'epoca, a parte il gioco con altri bambini del nostro villaggio durante i rari momenti di tranquillità nel mezzo di un'indicibile violenza. La guerra iniziò lo stesso anno in cui nacqui io, non sapevo altro. Ricordo soprattutto le fughe. Trascorremmo i primi quattro anni della mia vita nella boscaglia, sempre scappando. Rammento vagamente che ci dirigevamo verso sud, verso lo Zambia, spostandoci in piena notte e dormendo sotto cespugli di rovi durante il giorno per proteggerci dagli animali selvatici. Ricordo che ero stanca e affamata e che, pur essendo molto piccola, sapevo che se i gruppi di militari che terrorizzavano il nostro paese ci avessero catturati saremmo stati uccisi. Perciò scappavamo.

Con l'aiuto di alcuni pastori e alcuni preti salimmo su un barcone diretto nello Zambia, dove stavano fuggendo molte persone: secondo l'UNHCR ancora oggi ci sono 4,25 milioni di sfollati interni in Congo e più di 600.000 sono profughi nell'Africa subsahariana. La guerra in Congo è un conflitto civile tra forze ribelli e forze governative come quelle in Siria e Yemen, ma benché duri da molto più tempo non se ne parla tanto.

Tutto quello che so è che la mia famiglia faceva parte del perenne flusso di profughi che lasciavano il paese in cerca di sicurezza. Volevamo sopravvivere, quindi eravamo costretti ad andarcene.

Gli abitanti dello Zambia non ci volevano. Per strada ci gridavano: «Tornatevene nel vostro paese! Perché siete qui?». I ragazzini a scuola insultavano me e i miei fratelli e sorelle, persino lanciando sassi e gridando: «Questo non è il vostro paese!».

Non lo era, ma non ne avevamo un altro in cui andare.

I miei genitori trovarono per noi una casupola a buon mercato con una sola camera, che era pur sempre meglio della tenda di teli di plastica in cui avevamo abitato inizialmente nel campo profughi. Stavamo comunque stretti: io, i miei due fratelli minori e due sorelle maggiori più i miei genitori dormivamo in quell'unica stanzetta. Non ci dispiaceva, era di gran lunga meglio che dormire nella boscaglia come avevamo fatto in Congo. Tutto quel poco che avevamo era preferibile a ciò che avevamo lasciato. Mio padre continuava a ripetere che era una soluzione temporanea, lui e la mamma stavano risparmiando per poter prendere una casa più grande.

Ebbi la possibilità di andare a scuola per la primissima volta. Cominciai dalla terza, ma ero talmente più grande e più alta degli altri alunni che tutti i miei compagni ridevano di me. Non parlavo inglese e conoscevo solo poche parole di nyanja, la lingua locale dello Zambia. Parlavo solo kinyarwanda, la lingua che usavamo in Congo, ma capivo gli insulti. Gli altri ragazzi sapevano che ero una profuga. Anche loro, come le persone per strada, dicevano: «Tornatene in Congo! Questo non è il tuo paese!».

Anche tra gli insegnanti c'era chi si comportava in modo crudele, altri invece mi sostenevano e dicevano: «Imparerai, è solo questione di tempo».

Sono rimasta in terza per due anni. Era difficile farsi degli amici. La mamma sapeva che a scuola stavo passando brutti momenti. Anche lei trovava difficile comunicare. Ogni giorno si alzava e allestiva il suo banchetto nel nostro quartiere per mantenere la nostra famiglia. Vendeva ciò che coltivava e confezionava da sé. La gente le si rivolgeva con espressioni orribili oppure non voleva pagarla. C'era molto odio. Le rammentava il Congo, quello che ci eravamo lasciati alle spalle. Ma in quale altro posto potevamo andare?

Quindi ogni volta che dicevo: «Oggi non vado a scuola. I ragazzi continuano a ridere di me, non resisto», lei replicava: «Questa è la tua vita, non la loro. Ignorali e concentrati su ciò che desideri».

Quello che la mamma desiderava di più era una vita migliore per la sua famiglia. Pregava ad alta voce: «Oh Signore, puoi prendere la mia vita fintanto che i miei figli sono al sicuro». Vivevamo ancora in un campo profughi quando scoprì che potevamo chiedere un visto per rifugiati tramite l'UNHCR, così quando ci trasferimmo a Lusaka trovò l'ufficio preposto e avviò le procedure per la richiesta. Si sentì dire che potevano volerci anni, ma era disposta ad aspettare.

Non sapevamo quanto avremmo dovuto attendere, ma sapevamo di non essere al sicuro. Ci avevano già aggrediti parecchie volte. Una sera alcuni uomini mascherati avevano derubato la mamma mentre smontava il suo banchetto; un'altra volta avevano minacciato mio padre dicendo: «Ti conviene andartene altrimenti ti uccidiamo!». Il risentimento stava montando perché i miei genitori guadagnavano di che vivere dignitosamente. Non sapevamo chi fossero quegli uomini mascherati, potevano essere zambiani o forse congolesi.

Una sera sentimmo trambusto davanti a casa. Più di dieci uomini armati di machete e coltelli l'avevano circondata e alcuni di loro picchiarono alla porta. In Africa c'erano predoni che irrompevano nelle case per saccheggiarle, ma in quel caso era diverso.

I miei genitori avevano sentito parlare delle bande di vigilantes che seminavano il terrore fra i profughi, e adesso ce n'era una davanti a casa nostra.

Io avevo dodici anni ed ero impietrita dal terrore. Con i miei fratelli e le mie sorelle ci radunammo in un angolo mentre la mamma gridava: «Non prendete i miei figli. Se dovete prendere qualcuno prendete me!». La aggredirono, trascinandola fuori dalla nostra casupola. Mio padre cercò di opporre resistenza mentre i miei fratelli e le mie sorelle strillavano e piangevano implorandoli di smettere, e gli uomini se la presero con lui.

Quel giorno mia madre morì davanti a noi. Il ricordo per me più doloroso è che la lasciarono lì nuda, una cosa che ancora oggi non riesco a capire. Pensavamo che anche papà fosse morto: avevamo visto che era stato ripetutamente pugnalato alla testa.

Ci trasferimmo dal nostro fratello maggiore. Eravamo sotto shock. Dopo alcuni giorni il medico ci disse che papà era vivo.

Un miracolo.

La polizia venne a interrogarci e ci informò che stava cercando gli assassini di nostra madre, ma non fu mai incriminato nessuno. Scegliemmo di non dare seguito alla vicenda perché non avevamo documenti, quindi tecnicamente non eravamo autorizzati a trovarci lì nello Zambia. Non avevamo diritti e nemmeno avevamo una madre, o una casa. Smisi di andare a scuola per contribuire ad accudire mio padre.

Gli ci vollero mesi per rimettersi, e anche a me. Non sa-

117

rei potuta tornare a scuola, era troppo per le mie forze. Ero traumatizzata e mi resi conto solo in seguito della brutale ironia della situazione: eravamo fuggiti dalla violenza per trovarne altra. E continuavo a pensare alla preghiera della mamma: «Puoi prendere la mia vita fintanto che i miei figli sono al sicuro». Mi hanno portato via mia madre ma non il suo amore: quello ce l'ho ancora, e mi mantiene forte.

Per un anno, dopo la sua morte, uscii raramente di casa. Ero annichilita dal dolore. Quando finalmente tornai abbastanza in forze per riprendere a studiare, il mio nuovo insegnante mi mise in sesta. Cominciai a prendere molto sul serio la scuola. Rappresentava un legame con mia madre, che diceva sempre: «Marie Claire, con una buona istruzione puoi fare qualsiasi cosa tu voglia». Né lei né mio padre avevano mai avuto l'occasione di andare a scuola. La mamma sognava che un giorno mi sarei diplomata, così studiavo sodo, non solo per me stessa ma anche per lei.

Con il passare degli anni la situazione migliorò. A scuola ottenevo ottimi risultati, i ragazzi smisero di schernirmi per le mie origini congolesi. Parlavo fluentemente la lingua e lo Zambia cominciava a sembrarmi meno ostile, più simile a una casa. Incoraggiammo papà a risposarsi: io ero impegnata con la scuola, come i miei fratelli e le mie sorelle, e lui sembrava molto solo. Tramite il pastore della sua chiesa conobbe la futura moglie, anche lei originaria del Congo. Si sono sposati nel 2012.

Poi, un giorno, ricevette una telefonata dall'UNHCR che gli annunciava che la nostra richiesta di un visto per rifugiati era stata accettata. Non sapevamo ancora dove saremmo andati, ma solo che avremmo lasciato presto lo Zambia.

Fu una notizia dolceamara: mia madre aveva avviato la procedura così tanti anni prima. Ricordo che quando era ancora viva ci telefonarono per un colloquio, il che ci riempì di speranza, ma poi non ricevemmo più notizie per mol-

118

to tempo, e intanto l'avevamo perduta. Avevo sedici anni quando ci richiamarono: volevano intervistare ogni membro della nostra famiglia che avesse chiesto il visto. Durante i successivi tre anni mi sottoposi a più di cinque colloqui, perciò quando ci chiamarono per dire che ce lo avevano concesso non riuscivo quasi a crederci.

Una settimana prima della nostra partenza scoprimmo che la nostra nuova casa si trovava a Lancaster, in Pennsylvania. Feci qualche ricerca e appresi che era la «capitale dei rifugiati» degli Stati Uniti a causa del gran numero di profughi che ospitava. Ero molto eccitata, finalmente avrei avuto i documenti, una casa, una vita, un nuovo inizio. Il tutto cominciava a sembrare reale.

Il mio angelo custode fu Jennifer. Ci accolse all'aeroporto quando la mia famiglia e io arrivammo in Pennsylvania.

Non dimenticherò mai il momento in cui la vidi ferma lì in attesa, una donna bianca di bassa statura con un enorme sorriso e la frangia bionda che reggeva un cartello con la scritta «BENVENUTI A LANCASTER!». Da quel momento lei, suo marito e i loro figli sono diventati la nostra famiglia americana.

Avevo quasi diciannove anni ed ero elettrizzata all'idea di finire le superiori, mi mancava soltanto un anno, ma nella nuova scuola scoprii che ci si diplomava a diciotto. Non volevo affrontare l'esame da privatista, così andai dall'addetto alle ammissioni e lo implorai di darmi una possibilità. Lui spiegò che, in base alla sua esperienza, tanti profughi che arrivavano lì avevano perso molti anni scolastici al punto che per loro era parecchio difficile rimettersi in pari e ambientarsi.

Lo convinsi che potevo riuscirci: ero una brava studentessa e parlavo un inglese discreto. Mi serviva solo una possibilità.

Continuavo a sentire mentalmente mia madre che sussurrava: «Puoi realizzare qualunque cosa tu sogni».

119

E quello era il mio sogno.

Quando lui replicò: «Ti darò una possibilità», faticai a trattenere le lacrime.

Mi mise in dodicesima e mi disse che avevo cinque mesi di tempo per ottenere il diploma. Se non fossi riuscita a terminare il corso entro giugno avrei dovuto affrontare l'esame da privatista.

La consegna dei diplomi si tenne nel giugno del 2016. Mi svegliai e vidi tocco e toga rossi appesi nella mia camera. Sentii il chiacchiericcio della mia famiglia al piano di sotto, nella mia nuova casa. Saltai giù dal letto.

Quel giorno si diplomarono seicento ragazzi, ma tra loro mi sembrò di potermi distinguere. Ho fotografie dei miei famigliari che mi portano in trionfo in mezzo alla folla, con un'espressione felice sul volto. Mio padre sorrideva così tanto da avere gli occhi chiusi. Jennifer, che ormai chiamavo «la mia mamma americana», era radiosa e fiera. E mentre mi lanciavano in aria per poi afferrarmi al volo, nell'istante in cui restai sospesa sentii che anche mia madre mi sollevava e mi sorrideva dall'alto.

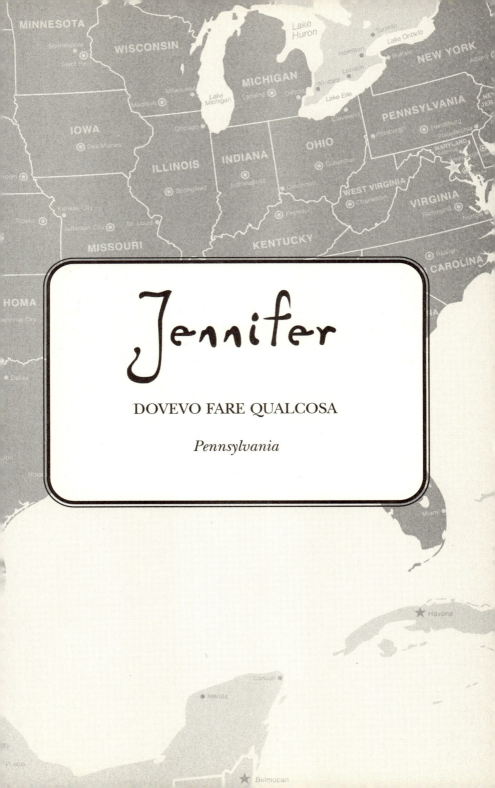

# Jennifer

## DOVEVO FARE QUALCOSA

*Pennsylvania*

Il giorno del diploma di Marie Claire il cuore ha rischiato di scoppiarmi per l'orgoglio e l'affetto. Era la prima della sua famiglia a diplomarsi. Quella era un'autentica pietra miliare per tutti loro, seconda solo al loro arrivo a Lancaster sei mesi prima.

Il suo diploma simboleggiava ciò che era possibile. Quando lei ricette la pergamena i suoi famigliari erano talmente elettrizzati che cominciarono a urlare in mezzo alla folla silenziosa. Dopo la cerimonia la lanciarono in aria, esultando. Le altre famiglie ci guardavano come se fossimo impazziti, ma non mi importava.

Pensai soltanto: "Non potete capire che cosa significhi questo diploma per questa famiglia".

Nel 2015 stavo facendo visita a mia figlia per festeggiare il primo compleanno della mia nipotina e mi stavo crogiolando nella gioia di essere nonna quando vidi la foto di un poliziotto turco che teneva fra le braccia il corpicino inerte di un bambino siriano di tre anni ripescato dalle acque del Mar Egeo.

Mi colpì dritta al cuore.

Lessi che il padre del piccolo, Abdullah Kurdi, era l'unico membro della famiglia sopravvissuto. Lui, la moglie e due figli erano fuggiti dalla Siria in Turchia, dove avevano pagato alcuni scafisti per farsi portare attraverso l'Egeo fino in Grecia, ma il loro barcone si era capovolto al largo della costa turca.

Mentre leggevo delle migliaia di profughi in fuga dalla

Siria mi resi conto che si trattava della più grande crisi umanitaria che avessi mai visto e che dovevo fare qualcosa.

Quello stesso giorno cercai «profugo» e «volontario» su Google e trovai il Church World Service (CWS), un'organizzazione religiosa che gestiva un programma di ricollocamento nella mia comunità di Lancaster, in Pennsylvania. Non ne avevo mai sentito parlare prima.

Quando tornai a casa dopo aver aiutato mia figlia, organizzai una riunione di famiglia. Io lavoravo a tempo pieno, mio marito viaggiava per lavoro e avevamo due figli adolescenti. Se volevo cominciare a fare volontariato la mia famiglia doveva essere d'accordo. I miei figli sapevano che ciò significava che non avrebbero ottenuto l'ultimo modello di iPhone, perché una famiglia che stavamo aiutando poteva aver bisogno di generi alimentari. Concordarono tutti sul fatto che fosse una cosa importante, volevano partecipare anche loro.

Marie Claire e la sua famiglia furono i primi profughi con i quali venimmo abbinati quando, quello stesso mese, cominciammo a fare i volontari. Sapevo solo che stavano venendo ricollocati lì dallo Zambia ed erano originari della Repubblica Democratica del Congo. Non sapevo ancora che avessero trascorso tre anni in fuga dal conflitto congolese, scappando letteralmente dalla violenza. Alla fine erano riusciti ad arrivare nel vicino Zambia, dove avevano vissuto per diversi anni, prevalentemente in campi profughi, prima di ottenere asilo negli Stati Uniti.

Non riuscii a parlare con loro prima che arrivassero, ma volevo capire quanto più possibile sulle circostanze da cui stavano scappando, così feci qualche ricerca. Ecco come appresi che le guerre congolesi – un prolungamento delle letali tensioni fra tutsi e hutu in Ruanda che si erano estese nella Repubblica Democratica del Congo all'inizio degli anni Novanta – erano responsabili della morte di circa 5 milioni di persone, più dell'intera popolazione della Nuova Zelanda. Ci sono più di 4 milioni di sfollati interni e circa 445.000 profughi congolesi in altre nazioni. Scoprire le cifre e la storia non equivaleva a capire, ma mi aiutò a immaginare parzialmente il resto.

Ero incaricata di andarli a prendere in aeroporto, accompagnarli in auto nella loro nuova casa e aiutarli a sistemarsi. Mi presi un giorno di ferie, perché sarebbero arrivati a metà settimana. Mio marito era in Texas e i miei figli a scuola, quindi c'eravamo solo io e qualche altro volontario del CWS.

Quando li vidi per la prima volta, in aeroporto, rimasi scioccata da come fossero quasi tutti magrissimi. Erano quattordici persone, incluso il capofamiglia sessantunenne, sua moglie Uwera – la matrigna di Marie Claire – e la loro famiglia allargata: Marie Claire e la sorella ventunenne Naidina, il loro fratello Amor con la moglie e i tre figli di nove, cinque e due anni. I bambini in particolare avevano un'aria così emaciata e malaticcia che mi preoccupai. Eppure si erano messi i loro abiti migliori, gli uomini erano in pantaloni e camicia mentre le donne portavano variopinti abiti africani e avevano i capelli avvolti in una sciarpa coordinata oppure suddivisi in elaborate treccine ornate di perline. Quando feci loro i complimenti Naidina disse: «Volevamo fare una buona impressione al nostro nuovo paese».

Marie Claire sembrava estremamente timida e cauta. Mi guardò a stento quando mi salutò.

Mentre li portavo in auto verso la loro nuova casa, trovata dal CWS in un modesto quartiere di Lancaster, rimasero seduti in silenzio, osservando ogni dettaglio. Provai un pizzico di apprensione mentre superavamo case con i muri scrostati o un porticato semisfondato o mucchi di spazzatura sulla strada. Mi chiesi che cosa stessero pensando, ma poi Naidina disse: «Oh, è tutto bellissimo!». Mi colmò di sollievo sentire la speranza e l'entusiasmo nella sua voce.

Ci fermammo davanti alla casetta a schiera a quattro piani e io trassi un bel respiro. Mentre la visitavamo presi mentalmente nota di tutto ciò che andava riparato, per esempio il buco nel soffitto della cucina causato da una perdita nel bagno sovrastante e le pareti sporche che bisognava ritinteggiare. Nessuna delle finestre aveva le tende e il giardinetto sul retro era invaso dalle erbacce. C'era soltanto un bagno per quattordici persone. Inoltre le finestre della soffitta non si aprivano: se fosse scoppiato un incendio e loro avessero avuto bisogno di scappare?

Nel frattempo la famiglia di Marie Claire non notò nessuno dei difetti di cui io mi preoccupavo. Adorarono l'abitazione, erano al settimo cielo. Nello Zambia non avevano avuto l'acqua corrente, e men che meno un bagno tutto loro. Illuminavano le proprie case con le candele. In realtà rimasero increduli davanti all'ampiezza dell'abitazione. Mi resi subito conto di com'ero privilegiata: dove io vedevo problemi loro vedevano opportunità.

Mostrai alle donne come usare la cucina a gas e il frigorifero, dato che non avevano mai visto nessuno dei due. E mostrai a tutti come usare il WC e la doccia. Mentre i bambini correvano su e giù per le scale e litigavano per scegliere quale delle cinque camere da letto occupare, scoprii che nessuno di loro aveva mai volato prima e che non mangiavano da due giorni perché il cibo sull'aereo era risultato troppo estraneo per loro.

Quel giorno trovai difficile lasciarli. Erano disorientati e non sapevo in quale altro modo aiutarli. Li invitai a cena da me quel weekend.

Dopo che mostrai loro casa mia, Naidina e molti altri continuarono a ripetere: «Hai così tanta acqua!». All'inizio rimasi sconcertata, poi capii che si riferivano ai nostri rubinetti. Non riuscivano ancora a capacitarsi del fatto che bastasse girare una manopola per far uscire l'acqua. Nella loro nuova abitazione avevano un solo bagno mentre io ne avevo diversi, il che li confondeva. Appresi che nello Zambia avevano dovuto camminare tre giorni per procurarsi l'acqua.

Durante un'altra loro visita pomeridiana preparai dei pop-corn. Si radunarono tutti davanti al forno a microon-

126

de, in preda a un timore reverenziale: la consideravano magia. Mi chiesero di rifarlo e sistemarono sedie e sgabelli davanti al forno per guardare.

Tutto era nuovo e magnifico per loro. Fu bellissimo vedere la mia vita attraverso i loro occhi.

Marie Claire si aprì lentamente e io cominciai a vedere la sua determinazione. Chiarì che intendeva frequentare una scuola superiore americana anche se aveva quasi diciannove anni e quindi era già più vecchia della maggior parte dei diplomandi. Gli amministratori della nostra scuola locale non erano sicuri che potesse farcela, temevano che i suoi studi nello Zambia non fossero sufficienti per sostenere gli esami negli Stati Uniti, inoltre il suo inglese era ancora elementare.

Lei parlò all'addetto alle ammissioni: «Provi a rischiare e creda in me».

Evidentemente lui notò in Marie Claire la stessa determinazione che avevo notato io, perché la accontentò.

In gennaio, quando Marie Claire iniziò la scuola, ero nervosa. Mio figlio frequentava la scuola superiore locale e il primo anno aveva trovato difficile farsi degli amici. Ma lei non si preoccupò di fare nuove amicizie o di entrare in un club o in una squadra sportiva. Era totalmente concentrata sulla sua istruzione e passava tutto il tempo libero studiando o andando dal suo tutor di inglese. Adesso so che probabilmente Marie Claire riuscirà in qualsiasi cosa faccia, grazie a quella concentrazione. Si crea lei la sua realtà.

Per quanto Marie Claire e la sua famiglia celebrino autenticamente la vita, ho assistito anche a momenti molto tristi.

Un giorno regalai a lei e Naidina due collane. Volevo dare loro qualcosa di speciale che potessero tenere caro e volevo che avessero qualcosa da poter indossare, per sapere che io ero lì per loro sempre e comunque. Rimasero talmente commosse che cominciarono a piangere, sedute sul mio divano. All'inizio le credetti lacrime di gioia, ma ben presto capii che il mio regalo aveva agitato una profonda tristezza in ognuna di loro. Chiesi quale fosse il problema.

Marie Claire rispose per prima.

«Tutto questo è magnifico. Trovarci qui con te negli Stati Uniti… Vorrei solo che nostra madre fosse qui a fare questa esperienza con noi.»

Parlavano raramente della madre, Furaha, ma ormai conoscevo le circostanze della sua morte e sapevo che entrambe le ragazze ne erano state testimoni.

«Ha sacrificato la sua vita in modo che noi potessimo avere questa.» Naidina stava piangendo così tanto da riuscire a stento a pronunciare le parole.

Il dolore al petto che provai quel giorno doveva essere crepacuore: anch'io rimpiangevo che la loro madre non fosse lì. Avrei voluto che potesse vedere che ragazze coraggiose, forti, gentili, determinate e belle aveva cresciuto. Ma so anche che il suo spirito sopravvive in ognuno dei suoi figli, soprattutto in Marie Claire. Lei è inarrestabile. Deve aver preso dalla madre la sua determinazione e la grinta, oltre che la profonda umiltà.

Quell'intenso dolore è qualcosa che le ragazze si portano dentro. La loro felicità per ogni straordinario risultato raggiunto è smorzata dal trauma assai concreto che le ha portate qui. Presumo che valga per tutti i profughi: il paradosso di sentirsi grati per una nuova vita basata sulla dolorosa perdita di quella vecchia.

Marie Claire ha fatto riferimento a quel dolore quando Malala l'ha invitata a parlare durante la sessione riservata ai giovani dell'Assemblea generale dell'ONU nel settembre del 2017. Io mi trovavo a New York per l'occasione e sono riuscita a sedermi sul pavimento del salone dell'assemblea generale, sorridendo orgogliosa mentre Marie Claire condivideva la sua esperienza con l'insigne folla di leader e diplomatici del mondo intero, compreso il presidente francese Emmanuel Macron.

È apparsa tranquilla e sicura di sé, ritta su quel palco, poi ha cominciato a raccontare la sua storia.

«Una sera, alcuni ribelli armati si sono introdotti in casa nostra con lo scopo di prendere una vita. Nostra madre è stata uccisa davanti ai nostri occhi. Si è sacrificata per proteggere me, i miei fratelli e le mie sorelle.» A quel punto del suo discorso non si sentiva volare una mosca. Desiderai intensamente che sua madre fosse ancora viva per vedere la figlia che catturava l'attenzione dell'intero uditorio, ma era proprio quello il paradosso della situazione: Marie Claire si trovava lì all'ONU grazie all'amore e al sacrificio della madre.

Avrebbe dovuto essere Furaha ad accompagnare Marie Claire al college, a vederle scegliere il corso di laurea di infermieristica. Avrebbe dovuto essere lei ad assistere al matrimonio di Naidina, che ha sposato un altro profugo conosciuto in Zambia e successivamente finito nello Utah e con il quale aveva riallacciato i rapporti. Tutti noi abbiamo fatto parte del corteo nuziale, un altro evento memorabile.

Ogni qual volta sono con Marie Claire o uno dei suoi fratelli o sorelle mi presentano come la loro mamma americana. Mi sento privilegiata e onorata di averli nella mia vita. Talvolta l'orgoglio che provo per quel titolo è travolgente.

Quando Marie Claire è arrivata in America era molto riservata e cauta, ma dentro di lei ho visto una scintilla che stava solo aspettando di trasformarsi in fiamma. La sua è stata una vera evoluzione. È sempre stata concentrata e determinata, ma l'ho guardata diventare più sicura di sé grazie al sostegno e all'incoraggiamento. Non solo abbraccia le opportunità, ma le crea lei stessa. Soltanto tre anni fa questa giovane donna aveva un futuro incerto, adesso è impavida e inarrestabile, e ha un autentico impatto sul mondo. Alla fine vuole tornare nello Zambia come infermiera e attivista per aiutare altri rifugiati.

So che lo farà.

# Ajida

## DI NOTTE CAMMINAVAMO

*Myanmar – Bangladesh*

A partire dall'agosto del 2017 migliaia di rohingya, una minoranza musulmana nel Myanmar a maggioranza buddhista, cominciarono a fuggire nel vicino Bangladesh. I maltrattamenti nei loro confronti durano da molto tempo, ma allora era appena iniziata una nuova ondata di violenza. Scappavano dai soldati e dagli estremisti del Myanmar che si definivano buddhisti e stavano dando fuoco ai loro villaggi, stuprando le donne e uccidendo la popolazione rohingya stanziata nella zona occidentale dello stato di Rakhine, che confina con il Bangladesh. Secondo l'ONU si è trattato dell'esodo più rapido dai tempi del genocidio in Ruanda del 1994.

Nel settembre del 2017 ho criticato pubblicamente il tragico e vergognoso trattamento dei musulmani rohingya in Myanmar. Poco dopo, alla conferenza Goalkeepers – evento organizzato da Bill e Melinda Gates per celebrare i progressi della lotta contro la povertà e le malattie nel mondo – ho conosciuto Jérôme Jarre. Jérôme è un attivista e benefattore francese che con alcuni amici ha contribuito a creare il Love Army allo scopo di mobilitare i giovani perché reagiscano in maniera più diretta alle emergenti crisi mondiali. Utilizzando i social media avevano raccolto fondi per aiutare le vittime dell'ondata di siccità che ha colpito la Somalia nel 2017 e in seguito per le vittime di un devastante terremoto in Messico, per poi concentrarsi sul Myanmar.

Sono stata molto ispirata dal lavoro svolto da Jérôme e dal Love Army per aiutare i rohingya. Penso spesso a coloro che si prodigano nel mondo come Jennifer, che si è incaricata di sostenere Marie Claire e la sua famiglia. Ma anche ai traduttori e a quanti raccolgono fondi, a persone che donano 5 dollari o cinque ore per

133

*destare le coscienze... Tutto questo è importante, tutto questo è utile. A volte basta essere visti e riconosciuti per non scoraggiarsi. L'attività svolta da Jérôme è consistita nel fornire aiuto su vasta scala, mobilitando persone sparse per il mondo affinché si riunissero e offrissero sostegno a comunità bisognose.*

*I rohingya stanno fuggendo dalle persecuzioni sin dagli anni Sessanta del secolo scorso. Il primo campo profughi è stato allestito nel 1990 in Bangladesh, dove ormai ben 900.000 persone vivono fra il Myanmar e il Bangladesh in una terra di nessuno caratterizzata da montagne inospitali soggette a monsoni e inondazioni. Una volta che i rohingya vi arrivano non possono lasciare l'area né cercare un lavoro al di fuori dei campi. Il Bangladesh permette loro di vivere su quel terreno, ma non di integrarsi. Muhammed, un rohingya che lavora come project manager per il Love Army, l'ha definita una prigione senza muri.*

*Muhammed è arrivato nel Bangladesh quando aveva solo quattro anni, nel 1992. Ormai sposato, ha un figlio nato in quel limbo. Ma ha imparato l'inglese da autodidatta, il che l'ha aiutato a prendere contatti con il Love Army for Rohingya. Pur non avendo visitato il Bangladesh sapevo di voler includere in questo libro la storia di una donna rohingya e sapevo che Jérôme e il Love Army avrebbero potuto aiutarmi. Con il denaro raccolto per i rohingya costretti all'esodo dalla violenza, il Love Army ha fornito loro i fondi e gli strumenti per costruire 4000 ripari e scavare 81 pozzi d'acqua. I soldi finanziano anche 3000 rohingya residenti nei campi perché possano svolgere una vasta gamma di lavori, dalle costruzioni alla pulizia dei campi, alla confezione di abiti, alla traduzione, come Muhammed, che ha aiutato Ajida anche a raccontare la sua storia.*

*Malala*


Quando arrivammo per la prima volta al campo mi sentii sollevata, ma poi fui presa dalla perplessità.

Ero felicissima che fossimo riusciti a raggiungere il Bangladesh. Mio marito e i miei figli erano sopravvissuti. Sembrava un miracolo.

Ma il campo non era come me lo aspettavo. Era solo un ampio spazio a cielo aperto, niente case, solo tende. Ci diedero un telo di plastica e vari paletti di bambù. Mentre montavamo la nostra tenda di plastica pensai: "Potrebbe andare peggio. Potremmo essere tutti morti".

Sono cresciuta nel piccolo villaggio di Noapara, nel Myanmar, un tempo noto come Birmania. Quello fra mio marito e me è stato un matrimonio d'amore. Ci conoscevamo sin da bambini e ci eravamo resi conto di riuscire a leggere l'uno nella mente dell'altra; alla fine ci eravamo innamorati. Condividere il vero amore rende assai più facile vivere insieme. Molti rohingya concludono matrimoni combinati, ma in quel caso non conosci l'altra persona né sai se l'unione funzionerà. Mio marito e io eravamo fortunati. Avevo quindici anni quando l'ho sposato e adesso abbiamo tre figli di nove, sette e quattro anni.

Quasi due anni fa, una notte, il boato degli spari ci svegliò. Militari e poliziotti avevano circondato il nostro villaggio e stavano appiccando il fuoco a ogni casa. Avevamo sentito dire che i militari stavano attaccando i villaggi, violentando donne e ragazze e uccidendo gli uomini. Con il terrore che stessero per sottoporci allo stesso trattamento prendemmo i nostri figli e fuggimmo nella foresta. In seguito scoprimmo che il fratello di mio marito era stato ucciso insieme con molti nostri vicini.

Restammo nella foresta per diversi giorni. Pensavamo di poter tornare dopo la partenza dei militari, ma poi scoprimmo che non era possibile. Moltissime persone erano state uccise e tutto era stato distrutto.

Poi venimmo a sapere che l'esercito non aveva lasciato la zona e capimmo che se fossimo tornati nel nostro villaggio ci avrebbero uccisi tutti.

Non avevamo alternative, dovevamo scappare.

Non avevamo nulla, nemmeno il cibo, solo i vestiti che indossavamo. I miei figli piangevano per la fame, così diedi loro alcune foglie verdi prese nella giungla, non c'era altro. Eravamo insieme con un gruppo di più di 300 persone provenienti dal nostro e da altri villaggi, perché era più sicuro viaggiare uniti. Così cominciammo a puntare verso il Bangladesh.

Sapevamo che era il paese confinante ed era musulmano. Sapevamo che se fossimo rimasti nel Myanmar saremmo morti. Non sapevamo che cosa aspettarci nel Bangladesh, ma almeno avevamo una possibilità di sopravvivere.

Il nostro gruppo si aprì la strada attraverso la giungla e viaggiò solo di notte. Se ci fossimo spostati durante il giorno saremmo stati uccisi.

Quindi la giornata era dedicata al riposo. Di notte camminavamo.

Portavo sulle spalle il mio figlioletto di due anni, che non riusciva a tenere il passo. A un certo punto mio marito si ammalò gravemente. Lungo la strada superammo diversi cadaveri: rohingya uccisi con armi da fuoco o da taglio dai buddhisti estremisti che non ci volevano lì. Coprii gli occhi di mio figlio nel tentativo di proteggerlo da quell'orrore, ma non riuscii a risparmiarlo alle mie figlie. La morte era ovunque. Non potevamo fare altro che continuare a muoverci, altrimenti saremmo stati i prossimi.

Dopo nove giorni raggiungemmo finalmente il confine; soltanto un fiume ci separava dal Bangladesh. Pagammo un uomo bangladese perché ci facesse salire sulla sua barca; era tanto piccola da poter accogliere solo dieci persone per volta ed era priva di motore, quindi lui fu costretto a remare. Grazie al cielo la nostra famiglia rimase unita. Eravamo tutti terrorizzati perché nessuno di noi sapeva nuotare. Ci vollero quattro ore per raggiungere la riva opposta.

Quando arrivammo nel Bangladesh ricacciai indietro le lacrime. Ce l'avevamo fatta, la minaccia del genocidio era dietro di noi. Impiegammo altre tre ore per giungere al campo. C'erano talmente tanti rohingya in fuga che ci eravamo limitati a seguire gli altri. Eravamo una folla di sconosciuti che puntavano insieme verso una comune destinazione ignota. Ma il mio sollievo non cancellò la paura, non sapevo che cosa aspettarmi.

Ci ritrovammo in un enorme spazio aperto e gremito; quello stesso mese più di 8000 persone raggiunsero campi già sovraffollati. La prima notte dormimmo sotto un telo di plastica. Alla fine ottenemmo una tenda, ma poi arrivarono i monsoni e si temette che l'area in cui ci eravamo accampati venisse inondata, così in centinaia fummo trasferiti in un altro campo.

Lo si poteva raggiungere solo inerpicandosi su una montagna, non c'erano strade, la più vicina distava trenta minuti di cammino. Questa zona, in cui abbiamo costruito una capanna di bambù, è estremamente ventosa ed esposta alle intemperie. Siamo bloccati qui perché il Bangladesh non permette ai rohingya di lasciare i campi. Se tentassimo di farlo verremmo arrestati e riportati nei campi, quindi è inutile.

Stiamo facendo del nostro meglio. Il governo bangladese ci fornisce riso e lenticchie, così mi sono costruita un forno di argilla per poter cucinare almeno per la mia famiglia. Me l'ha insegnato mia madre, e mi consola fare qualcosa di familiare in questo posto. Per quanto le condizioni siano difficili, mio marito e io abbiamo comunque un lavoro. Quando il Love Army ha scoperto che stavo costruendo piccoli forni mi ha assunta perché li facessi anche per altri profughi. Da allora ne ho realizzati più di 2000. Anche mio marito ha trovato lavoro tramite il Love Army, nella squadra di pulizie. La vita qui è dura. I miei figli frequentano un centro di apprendimento temporaneo; non lo si può definire una scuola, perché non ci sono libri. Sentono la mancanza della loro casa, e alla mia figlia maggiore manca il nostro gatto. È lei quella che soffre di più: quando siamo scappati aveva solo sette anni, ma era abbastanza grande per capire il motivo della nostra fuga.

Il mondo sa che i rohingya sono da tempo vittime di un genocidio? Capisce perché? Qualcuno può aiutarci?

Mi rendo conto che il governo del Bangladesh vuole che torniamo nel Myanmar, ma noi non vogliamo andarci. Là non è rimasto niente per noi a parte la tristezza. La mia gente è qui, in questo campo. Condivide la mia storia e la mia sofferenza, mi conosce. Perché dovrei andarmene?

L'unica condizione perché io possa mai tornare a casa è che alla mia famiglia sia garantito che verrà trattata con dignità. La mia domanda è questa: quando succederà?

## QUESTA ERA LA MIA STORIA

*Uganda – Canada*

*Ho conosciuto Farah a un colloquio di lavoro. Era una delle cinque o sei donne con cui stavamo parlando per scegliere il nuovo CEO del Malala Fund. Dopo che fu assunta le dissi scherzando che mi piaceva perché era quasi bassa come me. Ma naturalmente il motivo per cui mi piace è che è intelligente, vanta una vasta esperienza nel settore non profit, ha lavorato per il governo e crede quanto me nella causa dell'istruzione femminile. Inoltre possiede un'energia quieta che ho apprezzato subito.*

*All'epoca non sapevo che anche Farah è una rifugiata: è una canadese nata in Uganda e con ascendenze indiane. Parla raramente del suo passato, ma la sua è una storia importante. Le vicende di profughi che spesso vediamo sono quelle di persone tuttora in pericolo, ancora impegnate a lottare. Presumiamo che, una volta trovata una nuova casa, questa sia la fine della storia, mentre invece spesso è solo l'inizio.*

*Scoprire dettagli del passato di Farah mi ha spinto a chiedermi come mai molti rifugiati esitino a raccontare la propria vicenda. Mi ha spinto a riflettere seriamente su come sia possibile avere davanti agli occhi una persona e non riuscire a conoscerla nemmeno lontanamente. E adesso, mentre incontro famiglie sfollate con figli piccoli, mi chiedo come questi bambini cresceranno e che cosa si sentiranno dire.*

*Farah, come molte giovani sfollate, è cresciuta con un peso sulle spalle che non ha capito fino in fondo, e ora lavoriamo insieme ogni giorno per aiutare altri a raddrizzare la schiena sotto il peso che portano.*

*Malala*

Mi allacciai la cintura di sicurezza sul volo che stava lasciando la Tanzania diretto a Entebbe, in Uganda. L'aereo era gremito, o forse così sembrava perché era piccolo. Fortunatamente avevo un posto vicino al finestrino. Non ricordo se l'aereo fosse pieno di turisti o gente del luogo, so che pur essendo nata in Uganda sentivo di non appartenere a nessuna delle due categorie. Dovevo sembrare nervosa, perché l'uomo seduto accanto a me mi chiese se stavo bene. Annuii e lo ringraziai.

Chiusi gli occhi e mi limitai a respirare, tentando di calmare il battito cardiaco. Ero davvero nervosa, forse persino leggermente impaurita. Avevo trentasei anni ed era la prima volta che tornavo nel paese in cui ero nata e che ero stata costretta a lasciare.

Era successo nel 1972, adesso invece era il 2006 e io avevo appena salutato una delle mie migliori amiche, con cui il giorno prima avevo scalato il Kilimangiaro. Era stata un'esperienza molto significativa per entrambe. Lei stava tornando in Canada, l'unico luogo che io abbia mai chiamato «casa», mentre io ero diretta in Uganda, il mio paese natale, che non ricordavo affatto.

Avevo due anni quando i miei genitori fuggirono da Kampala con me e la mia sorella maggiore, Amina, di tre anni e mezzo. Non ricordo niente della partenza o del volo aereo che ci portò nella nostra nuova casa, a quasi 11.000 chilometri di distanza, e i miei non ce ne parlarono mai. Finché non ebbi più di vent'anni non capii nemmeno perché ce ne fossimo andati. Quando ero bambina sapevo soltanto che venivamo «da lontano», ossia che non ero nata in Canada.

Non che i miei genitori non andassero fieri di essere ugandesi: erano e rimangono molto orgogliosi delle loro origini. Io sapevo solo che per questo la domenica mangiavamo il *matoke*, i frutti del platano, con il curry, e il *paya*, uno stufato di zampe di capra. Non abbiamo mai negato di essere musulmani o africani con ascendenze indiane, tutt'altro.

Quello che davvero non capivo prima di frequentare l'università era come o perché fossimo finiti in Canada. I miei genitori non ci definirono mai dei «rifugiati», termine che in realtà non veniva quasi mai usato in casa nostra.

Sapevo che era successo qualcosa di terribile, qualcosa di cui loro non parlavano mai. Sapevo anche che mia madre ne era profondamente rattristata. Sapevo che a lei e a papà mancava quello che avevano avuto nella loro vecchia vita, ma non conoscevo la storia. Avevano tentato di proteggere me e mia sorella dalla tragedia e dalla politica.

Ma se ascoltavi gli adulti durante i raduni di famiglia, e io lo facevo, riuscivi a intuire qualcosa.

Una cosa la sapevo: la mia famiglia non aveva lasciato l'Uganda per scelta.

Sin da quando ero piccola mi rendevo conto di non essere perfettamente integrata.

Non so dire quante volte degli sconosciuti, per lo più ragazzi più grandi di me, mi hanno chiamata «Paki» quando ero bambina. Sinceramente non ne capivo il significato. Quando qualcuno mi spiegò che era un termine per indicare una persona originaria del Pakistan non capii perché venisse pronunciato con cattiveria. Commenti denigratori di questo genere non erano rari. Una volta mia sorella e io venimmo definite «maiali», il che è ironico perché siamo musulmane, quindi non mangiamo carne di maiale; papà ci disse che significava «ragazze molto intelligenti».

Alla fine ci trasferimmo a Burlington, presumibilmente più cosmopolita, ma io ero vista ancora come diversa. Ricordo distintamente un punk in sella alla sua bicicletta senza pedali che sterzò di colpo accanto a me per gridarmi di «tornarmene a casa». Rimpiango ancora di non aver avuto il coraggio di urlargli: «Sono già a casa».

Quel bullismo (anche se all'epoca non lo definivamo tale) era sempre doloroso, ma non era ancora nulla rispetto a quella volta in cui la mia amica e vicina di casa mi invitò nel suo cottage di famiglia per il weekend. Ero eccitata perché di solito i miei genitori erano severi e iperprotettivi; i nostri amici erano sempre i benvenuti a casa nostra, ma ai miei non piaceva l'idea che noi dormissimo a casa di altri. Credo che abbiano notato quanto fossi elettrizzata e quindi abbiano ceduto.

Arrivai nel cottage con la mia amica e suo padre. Ero felice di trovarmi là, ma notai subito come la matrigna della mia amica fosse sprezzante nei miei confronti. A un certo punto disse «voi altri» e mi resi conto che stava parlando di me. E fu ancora più umiliante quando il padre della mia amica si scusò e mi spiegò che la moglie non era abituata a ragazze non canadesi. Io ero cresciuta in Canada, ero canadese come chiunque altro in quella stanza. La situazione era così imbarazzante che la mia amica e io ce ne andammo con un giorno di anticipo.

Ancora oggi, se sento qualcuno dire «voi altri», la mia mano sinistra comincia a contrarsi: dentro di me freme un «Come osi?».

Anche se i miei genitori parlavano sei lingue – gujarati, kutchi, hindi, urdu, swahili che è la mia prima lingua, e inglese – con me e mia sorella insistevano per parlare solo in inglese. Ora so che pensavano che parlare la lingua del paese ospitante fosse il modo migliore per venire accettati e cominciare a sentirsi a casa. Non si limitavano a quello. Siamo musulmani eppure festeggiavamo il Natale, con tanto di albero, doni e tacchino, e anche Hanukkah e altre festività non musulmane, perché i miei genitori volevano integrarsi quanto più possibile.

Sono stata cresciuta nella convinzione che fossimo fortunati a vivere in Canada e che qualsiasi cosa finissimo per fare da adulti dovevamo restituire qualcosa al paese. Faceva parte del nostro sistema di valori. Secondo i miei genitori eravamo «fortunati» perché il governo canadese era stato molto ospitale con i profughi provenienti dall'Uganda. La mamma sostiene di non essersi mai sentita un'estranea in Canada: vi dirà che la popolazione è stata gentile, cordiale e accogliente.

Frequentavo il primo anno di università alla Queen's (grazie a una borsa di studio) quando entrai in un gruppo Peace for Ugandans. Non ricordo nemmeno come li trovai o come loro trovarono me, all'epoca non avevamo certo Facebook! Rammento che lo presiedeva un uomo ugandese di colore che era deciso a organizzare un viaggio in Uganda per contribuire a ristabilire la pace. Eravamo una dozzina, un misto di ugandesi con la pelle marrone e la pelle nera. Quando rivelai ai miei genitori che intendevo tornare in Uganda con quel gruppo per protestare contro la corruzione, la debolezza della classe dirigente, i massacri eccetera si mostrarono fermamente contrari.

Visto che avevano sostenuto fino in fondo ogni decisione da me presa fino a quel momento, ne rimasi scioccata e mi arrabbiai con loro, dopo di che mi rivelarono finalmente perché se ne erano andati.

Nel 1972 Idi Amin, presidente dell'Uganda dal 1971 al 1979, decise che gli ugandesi asiatici non erano più i benvenuti. La cittadinanza della mia famiglia fu revocata insieme con quella di altre 150.000 persone. Il decreto di Amin ci concedeva 90 giorni per andarcene, e la situazione cambiò rapidamente. Mia madre, rendendosi conto che qualsiasi cosa lasciata in banca sarebbe stata confiscata, andò a riprendere i suoi gioielli e due soldati la seguirono fino a casa.

Più tardi sentì bussare alla porta e quando la aprì vide i due militari. La gettarono a terra, la schiaffeggiarono e le rubarono i gioielli. Mentre se ne andavano la avvisarono che se avesse detto qualcosa l'avrebbero uccisa.

Ormai era un bersaglio.

L'indomani i miei genitori andarono all'ufficio immigrazione canadese e avviarono le procedure per la partenza. Dopo poche settimane la mia famiglia lasciò Kampala per Entebbe, in autobus. Ci fu consentito di portare una valigia a testa.

Arrivammo a Montréal di notte e salimmo su un autobus diretto verso un campo dell'esercito dove ci offrirono cioccolata calda, tè e cibo. Poi ci accompagnarono nelle baracche, dove dormimmo tutti nella stessa stanza.

L'indomani ci portarono negli uffici dell'immigrazione canadese e ci dissero che saremmo andati a vivere in una città chiamata St. Catharines, nell'Ontario.

Quando ero piccola non capivo quanto fosse stato doloroso per i miei genitori lasciare l'Uganda o a quante cose avessero rinunciato. Adesso so che appartenevano a famiglie abbienti e avevano studiato entrambi in Inghilterra, dove è nata mia sorella. Si erano ritrasferiti a Kampala, dove sono nata io, nel 1970. Non riesco a immaginare quanto sia stato stressante essere una giovane madre buttata improvvisamente fuori da casa sua sotto la minaccia della violenza e approdare in un paese in cui non conosci quasi nessuno e non sai dove vivrai o come manterrai te stesso e la tua famiglia, in cui non sai se sarai ben accolto, se ti farai degli amici o se troverai una comunità.

Ma non c'erano alternative.

Sono stata cresciuta per diventare indipendente e non vivere nella paura, ma mi hanno anche insegnato a rispettare la famiglia. Persino quando avevo diciotto anni i miei genitori influivano pesantemente sulle mie decisioni, ma nonostante la loro disapprovazione per il mio desiderio di tornare in Uganda con quel gruppo, tenni duro. Alla fine il gruppo si sciolse e l'idea di rientrare in Uganda andò in fumo. Ricordo che mi sentii tradita e temetti di non poter fare mai ritorno.

I miei genitori erano sollevati. E quando scoprii nuovi dettagli su quanto accaduto in Uganda – alla mia famiglia e a migliaia di famiglie come la nostra – cambiai atteggiamento e iniziai a chiedermi: «Come è potuto succedere alla mia famiglia così come all'intera nazione?». Più crescevo e più mi infuriavo. Cominciai a capire per quale motivo i miei genitori mi proteggessero dalla verità sul nostro luogo d'origine: era troppo doloroso.

Avevo trentasei anni quando un'amica mi sfidò a scalare il Kilimangiaro con lei per una iniziativa umanitaria e io accettai. A quel punto avevo già lavorato per un ministro di Gabinetto, il ministro della Giustizia, il ministro della Salute e il vice primo ministro canadese. Ero stata portavoce politico durante l'epidemia di SARS e la reazione antiterrorismo del Canada all'11 settembre. Provate a immaginarvi Farah Mohamed, una portavoce del governo canadese e lei stessa una rifugiata originaria di una parte del mondo che secondo la gente genera terroristi! Ero pronta per un nuovo tipo di sfida. Mi resi ben presto conto che quel viaggio mi avrebbe portata vicino al mio paese natale. Sembrava un segno, o almeno un'opportunità.

La scalata era programmata per gennaio, ma la mia amica fu costretta a rinunciare per motivi di salute, così ne chiamai un'altra chiedendole: «Che cosa fai in gennaio?». Quando rispose: «Non lo so», replicai: «Magnifico, scaleremo il Kilimangiaro!».

Quel dicembre, un mese prima del viaggio, annunciai ai miei genitori: «Torno in Uganda». Non ne furono felici, ma a quel punto il governo aveva già invitato gli esuli ugandesi a tornare a reclamare le proprie terre e contribuire alla ricostruzione del paese. Mio zio Amin si trovava già là per occuparsi delle proprietà commerciali della famiglia e anche mia sorella progettava di andarci.

Mentre salutavo tutti i membri del gruppo del Kilimangiaro e salivo sul piccolo aereo diretto a Entebbe, mi sentivo in ansia, con lo stomaco sottosopra. Avevo il mio passaporto canadese, da cui non mi separo mai, ovunque io vada, ma anche la mia tessera di cittadinanza ugandese, che avevo con me quando me n'ero andata, all'età di due anni. Quale di quei documenti mi identificava davvero?

147

Mentre l'aereo rullava sulla pista dell'aeroporto ugandese la mia preoccupazione si accentuò: «Avrò qualche problema a passare la dogana? La mia valigia sarà già arrivata?». Le ansie che provi in un paese straniero, sebbene quel paese non avrebbe dovuto risultare tale, per me.

Il funzionario della dogana portava una divisa militare. Non mi disse niente e io non dissi niente a lui. Di solito, quando mi reco in un altro paese, cerco di imparare a dire «Salve» e «Grazie» nella lingua del luogo. Me lo hanno insegnato i miei genitori: se sai dire «Salve» e «Grazie» e «Per favore» non dovresti avere problemi. Rimasi ferma lì, impietrita. Non aprii bocca. Non cercai nemmeno un contatto visivo, il che non è affatto da me.

Quando varcai la dogana e vidi mio zio ricacciai indietro le lacrime, tanto sollevata che finalmente sentii il mio corpo rilassarsi.

Mia sorella si trovava già a Kampala. Aveva cominciato a lavorare a un documentario sull'esodo della nostra famiglia. Anche lei tornava in Uganda per la prima volta, e pur non essendovi nata aveva sempre amato il paese. Intervistò comandanti dell'esercito, parlò con le persone che attualmente vivevano nella nostra vecchia casa di famiglia; mia sorella è davvero impavida. Io invece ero molto spaventata.

Quel pomeriggio chiesi allo zio di portarmi nell'ospedale in cui ero nata, nella casa dove avevano abitato i miei genitori e nei mercati in cui avevano fatto la spesa. In base a quanto le zie e lo zio mi avevano raccontato della loro infanzia mi aspettavo qualcosa di... imponente e forse splendido. Ma dopo ciò che vidi – e mi costa molta fatica ammetterlo – rimasi sconvolta, turbata, persino depressa: avevo già visto la povertà, ma mai una povertà di quel genere.

Ero cresciuta sentendo dire che l'Uganda era la perla dell'Africa, che era verde e lussureggiante e magnifica, ma vidi bambini fra cumuli di rifiuti, edifici fatiscenti che sembravano trovarsi lì da secoli senza che nessuno si fosse mai preoccupato di prendersene cura. L'unico odore che sentivo era quello dell'immondizia e dei fumi di scarico.

Tutto ciò mi colmò di tristezza.

Rimasi per un paio di giorni, ma non vidi né feci granché, a parte andare a trovare un altro zio che viveva a qualche ora di distanza e aveva un vivaio di rose; era un luogo stupendo, ma ormai era troppo tardi perché io potessi apprezzarlo. Non vedevo altro che distruzione e miseria.

Quando tornai a Toronto fu persino peggio. Arrivai nel mio bellissimo appartamento in centro, sul lungolago, e me ne resi conto di colpo: sin dai tempi dell'università avevo passato anni a odiare Idi Amin per averci negato il nostro paese, ma adesso, mentre restavo seduta sul mio balcone ad annusare il profumo dell'aria fresca, mi sentivo in colpa e insieme colma di gratitudine.

Era una riflessione terribile. Sapevo di essere molto fortunata a vivere in Canada. Posso anche aver scoperto con molto ritardo il motivo per cui abbiamo lasciato l'Uganda, ma i miei genitori si erano assicurati che capissimo com'eravamo stati fortunati a trasferirci in Canada. Io la chiamo gratitudine del rifugiato. Ma provavo anche rabbia per il fatto che un unico individuo potesse decidere dove un intero gruppo di persone poteva o non poteva vivere.

In quel momento capii che avevo bisogno di apportare un cambiamento. Capii che tali emozioni, adesso destate, non sarebbero scomparse. Mi licenziai e cominciai a cercare qualcosa che fosse collegato a ciò che provavo riguardo all'Uganda. Ecco come sono finita a lavorare per una donna che mi offrì l'opportunità di creare una fondazione a lei intitolata e concentrarmi sull'emancipazione delle ragazze nei paesi in via di sviluppo. Attraverso tutto ciò organizzai un programma chiamato G(irls)20 e alla fine lo trasformai in un'entità indipendente e iniziai a lavorare esclusivamente al servizio di ragazze e giovani donne, il che mi condusse fino a Malala.

I miei sentimenti riguardo all'Uganda sono complicati,

Un terzo di me rimane curioso e ansioso di trovare il modo di aiutare le ragazze che vivono là, un altro terzo si sente in colpa perché non sono cresciuta in Uganda e l'altro prova rabbia per l'espulsione e per il fatto che situazioni simili continuino a verificarsi in vari angoli del mondo. Mi sforzo ancora di scoprire che cosa farò per il paese in cui sono nata. Pur avendo spesso l'impressione che il mio paese abbia rinunciato a me, io non ho mai rinunciato al mio paese.

Quando, il 9 ottobre 2012, ho lasciato la valle dello Swat, in Pakistan, avevo gli occhi chiusi. Mi sono svegliata una settimana più tardi nel reparto di terapia intensiva di un ospedale di Birmingham, in Inghilterra. Il mio ultimo ricordo di casa mi vedeva seduta sull'autobus della scuola, a ridacchiare con la mia amica Moniba.

Pur amando sempre più la mia nuova vita in Inghilterra, ho passato anni a desiderare casa mia: i miei amici, la mia camera, la mia scuola, i suoni e i profumi di Mingora che avevo conosciuto ma non sempre apprezzato. All'inizio non sapevo di non poter tornare e quando me lo dissero non volli crederci. Non potevo crederci. Com'era possibile che quando non ero nemmeno cosciente avessi perso la mia casa e il mondo che conoscevo così bene? Mi era stato sottratto dalla violenza e dal terrore. Per rimanere al sicuro dovevo stare lontana dal Pakistan.

Con il passare degli anni e il mutare del clima politico pensai che si potesse considerare un eventuale ritorno. Valutammo la possibilità, ma la risposta era ancora no. La valutammo di nuovo, ancora no. Ma ero determinata. Sono una persona molto ostinata, e se esiste una soluzione la trovo.

Il 31 marzo 2018 ero di nuovo nella mia casa nella valle dello Swat e avevo l'impressione che il passato si stesse capovolgendo. La mia famiglia e io avevamo fatto le valigie e preso un volo dall'Inghilterra a Dubai e poi uno da Dubai a Islamabad. Un elicottero ci portò da Islamabad alla valle dello Swat. Per la prima volta da più di cinque anni ammirai la bellezza della mia valle dall'alto: l'interminabile catena montuosa, la vegetazione, i fiumi. Temendo di poter scordare quel momento e le sensazioni che suscitava in me lo registrai nella memoria e, naturalmente, sull'iPhone.

Mi chiesi se i miei genitori avessero notato quella bellezza mentre mi sedevano accanto quando ero stata evacuata dallo Swat. «Non abbiamo visto né il mare né la montagna. Quando i tuoi occhi erano chiusi lo erano anche i nostri», disse mio padre.

L'aria ci fischiò intorno mentre atterravamo nello stesso eliporto dal quale ero stata portata via stesa su una barella. Nessuno di noi parlò.

Tornare a casa era diverso per ognuno di noi. Atal, il mio fratello più piccolo, era troppo giovane quando ce n'eravamo andati; serba solo un vago ricordo degli anni trascorsi in Pakistan, ormai è un ragazzo inglese. Mio fratello Khushal, io e i miei genitori, invece, provammo una forte emozione quando scendemmo dall'elicottero e poggiamo i piedi sulla terra della nostra valle. Mia madre pianse di gioia. Io assorbii tutto, la sensazione di toccare il suolo, il tepore del sole, l'aria che risultava estranea e al contempo familiare.

E poi facemmo ciò che avevo sognato ma temuto non potesse succedere mai più: andammo a casa.

Il mio cuore accelerò i battiti mentre oltrepassavamo punti di riferimento familiari: la casa di un'amica, le strade su cui i miei fratelli e io avevamo giocato un tempo, le vie che portavano verso la scuola. Ben presto mi ritrovai in camera mia con la mamma.

Quando, in quel giorno del 2012, non tornai a casa da scuola, mia madre si era chiesta se avrei mai rivisto la mia stanza, se lei avrebbe mai condiviso un altro momento tranquillo con la figlia in casa nostra. Il semplice fatto di vedermi in piedi lì la riempì di gioia e sul suo viso notai una pace che non vedevo da anni. Adesso a casa nostra vivono alcuni amici di famiglia, che sono stati tanto gentili da assicurarsi che in camera mia venisse lasciato tutto com'era. In seguito mia madre affermò: «Malala ha lasciato il Pakistan con gli occhi chiusi; adesso ritorna con gli occhi ben aperti».

E i miei occhi sono spalancati. Vedo come sono stata fortunata, come sono fortunata. Quel viaggio fu un'esperienza estremamente eccitante, memorabile, splendida e tormentosa per me e la mia famiglia. Anche se non è stato facile – ci sono stati diversi tentativi falliti e grandi delusioni – sono riuscita a tornare a casa, benché per poco tempo. Mi è stata concessa l'occasione che qualcuno non avrà mai. Le storie di molte delle giovani donne presentate in questo libro non si sono ancora concluse. Probabilmente a loro sembra impossibile poter tornare a casa, e forse lo è, ma se è questo che desiderano spero lo facciano.

Oltre alla nostra casa non vedevamo da molto tempo nemmeno i nostri amici e i parenti. Più di cinquecento di loro vennero a Islamabad per salutarci con abbracci e preghiere. Scattammo una miriade di fotografie che ora, tornata in Inghilterra, adoro guardare. Ma la mia più grande speranza è che non dovrò aspettare altri cinque anni e mezzo per rivedere i loro volti.

Il Pakistan è cambiato da quando me ne sono andata. La crescita della popolazione ha portato al sovraffollamento in alcune aree. Nello Swat ci sono molte più case e persone che non nel 2012, ma anche più pace. Mi sono fermata sul fianco di una collina a osservare le montagne dove un tempo i talebani avevano fissato il loro quartier generale della nostra zona. Adesso ci sono soltanto alberi e campi verdi.

Ma c'è ancora parecchio lavoro da fare nel mio paese; anche se non ci vivo, rimane il mio paese. Non è mai molto lontano dai miei pensieri o dalle mie azioni. Il mio sogno è vedere tutte le bambine del Pakistan avere accesso a dodici anni di istruzione gratuita, sicura e di qualità e adoperarsi per costruire un grande futuro per il nostro paese. In soli pochi anni il Malala Fund ha investito massicciamente nell'istruzione femminile in Pakistan, dall'aprire la prima scuola superiore femminile a Shangla al sostenere attivisti per la scolarizzazione femminile in tutto il paese.

Non ho lasciato la mia patria per mia volontà, ma per mia volontà ci sono tornata. Vedermi sottrarre una facoltà di scelta così essenziale mi ha reso estremamente sensibile nei confronti delle scelte che posso fare. Scelgo di parlare ad alta voce. Scelgo di difendere i diritti altrui. Scelgo di accettare il sostegno di persone sparse per il mondo.

Sono stata una sfollata e scelgo di usare i ricordi di quella fase della mia vita per riuscire a entrare in contatto con i 68,5 milioni di rifugiati e sfollati sparsi per il mondo. Per vederli, aiutarli, condividere le loro storie.

I proventi di *Siamo tutti profughi* verranno utilizzati per sostenere l'attività del Malala Fund in favore dell'istruzione femminile. Ogni ragazza e giovane donna che ha dato il suo contributo in queste pagine[*] ha ricevuto un compenso per aver raccontato la sua storia a Malala e ai lettori di questo libro.

[*] Farah e Jennifer non hanno ricevuto alcun compenso per i loro contributi.

Questo non è il libro che avevo progettato di scrivere, ma gli eventi attuali hanno reso impossibile non farlo. Molte persone sparse per il mondo hanno sostenuto me e la mia causa, e sono felice che la mia voce arrivi così lontano.

Innanzitutto sono onorata del fatto che queste ragazze e donne abbiano condiviso le loro storie con me e mi abbiano permesso di condividerle con voi. Ho scoperto il potere del racconto grazie al mio attivismo e ai miei libri precedenti, ed è un vero dono poter narrare le loro storie insieme con la mia.

Questo libro è costituito da molte parti diverse e molte persone mi hanno aiutato a comporlo: Philippa Lei, Farah Mohamed, Hannah Orenstein, Maria Qanita, Bhumika Regmi, Taylor Royle, Tess Thomas, McKinley Tretler e tutto il team presente e passato del Malala Fund (compresi Eason Jordan, Meighan Stone e Shiza Shahid).

I partner del Malala Fund che hanno facilitato il nostro lavoro con molte delle ragazze che hanno contribuito a questo libro: Amira Abdelkhalek, Holly Carter, Anne Dolan, Stephanie Gromek, Susan Hoenig e Jérôme Jarre (e Muhammed Zubair).

Liz Welch, che ha collaborato per mettere tutte le storie sulla pagina, a prescindere da che ora fosse nel suo fuso orario.

Farrin Jacobs, che desiderava pubblicare questo libro quanto me. Grazie per avere profuso così tanto tempo e impegno.

Karolina Sutton, la mia agente letteraria, che è minuta ma potente.

Megan Tingley, Katharine McAnarney, Sasha Illingworth, Jen Graham e il resto del team alla Little, Brown Books for Young Readers; David Shelley, Jenny Lord, Katie Espiner, Sarah Benton, Helen Richardson, Tom Noble, Katie Moss e Holly Harley all'Orion Books; Tanya Malott e Brandon Stanton.

Ho la fortuna di avere una famiglia che mi sostiene, senza la quale all'inizio non avrei mai avuto il coraggio di alzare la voce.

Le persone che ho conosciuto in Inghilterra – dai medici agli insegnanti a tutti i miei amici – sono state estremamente gentili con me e mi hanno aiutata a stabilirmi in questo paese.

Quando eravamo sfollati interni in Pakistan i miei famigliari e io siamo stati tanto fortunati da essere accolti in varie case e non siamo mai rimasti soli: gli abitanti delle aree circostanti hanno aperto la loro porta a centinaia di migliaia di persone costrette alla fuga. Le persone che hanno ospitato sfollati interni provenienti dallo Swat e le persone che, come Jennifer e Farah, stanno attualmente sostenendo profughi e sfollati rappresentano il meglio dell'umanità. Sono grata a loro e sono grata a voi per aver preso questo libro ed esservi assicurati che le storie di Zaynab, Sabreen, Muzoon, Najla, María, Analisa, Marie Claire, Ajida e Farah non restino sconosciute.

Le statistiche sono impressionanti. Secondo i dati più recenti forniti dall'UNHCR più di 44.000 persone al giorno sono costrette a fuggire dalle loro case e ci sono 68,5 milioni di sfollati nel mondo. Di questi, 40 milioni sono sfollati interni e 25,4 milioni sono rifugiati. Più della metà di questi ultimi provengono da tre paesi: Sud Sudan, Afghanistan e Siria.

L'evacuazione globale non è, purtroppo, un fenomeno nuovo, ma al momento stiamo assistendo alla peggiore crisi di questo tipo nella storia. Dopo la Seconda guerra mondiale, quando più di 50 milioni di persone in tutta Europa sono state costrette alla fuga dalla violenza, non era mai successo che così tanti invidivui venissero obbligati a lasciare la loro casa e il loro paese. Da allora milioni di persone hanno affrontato crisi simili, in situazioni di cui potete o meno essere al corrente.

Quindi che cosa potete fare al riguardo? Potete cominciare con l'informarvi. Ci sono molte risorse on line, incluse affidabili fonti di notizie e il sito web dell'UNHCR (unhcr.org) che forniscono non solo dati specifici ma anche informazioni più generali. Organizzazioni quali l'International Rescue Commitee (IRC),[*] l'United Nation In-

---

[*] La storia dell'IRC risale ad Albert Einstein, che lasciò la Germania nazista e nel 1933 chiese la creazione di un'organizzazione volta ad aiutare altri profughi tedeschi. «Mi vergogno quasi a vivere in una simile pace quando tutti gli altri lottano e soffrono», scrisse più o meno in quel periodo. L'organizzazione, chiamata International Relief Association, divenne successivamente l'IRC.

ternational Children's Emergency Fund (UNICEF), la Tent Partnership for Refugees e la Kids in Need of Defense (KIND, un'organizzazione con base negli Stati Uniti) hanno lo scopo di aiutare persone provenienti da paesi colpiti da una crisi umanitaria.

Potete rendervi utili donando soldi, naturalmente, ma anche tempo e attenzione. Informatevi su organizzazioni presenti nel vostro territorio, come ha fatto Jennifer, o avviate una campagna tutta vostra, come Jérôme. Lavorate come volontari, scrivete lettere per destare le coscienze, unitevi a un gruppo a sostegno dei profughi in una particolare regione o fondatene uno, siate gentili con un nuovo studente o studentessa che è stato evacuato e sta ricominciando da capo. Fate quello che potete. Sappiate che la chiave è l'empatia. E che atti di generosità grandi e piccoli fanno la differenza e aiutano il mondo a guarire dalle sue ferite.

Zaynab è una Immigrant & Refugee Youth Ambassador per la Green Card Voices e figura fra le migliori studentesse del primo anno della St. Catherine University, dove studia Scienze politiche, Relazioni internazionali e Filosofia. Vuole diventare avvocato specializzato in diritti umani internazionali e tornare nello Yemen una volta conclusi gli studi di giurisprudenza. Sogna di rendere il mondo un luogo pacifico grazie alla legge, l'avvocatura e la giustizia sociale.

Sabreen e il marito vivono in Belgio e hanno appena avuto un maschietto, Zidane, così chiamato in onore del famoso calciatore Zinedine Zidane. Lei sta studiando l'olandese e spera di tornare a scuola per poter essere una madre istruita in grado di mantenere sé stessa e il figlio. Considera il Belgio la sua nuova casa e non ha alcuna intenzione di tornare nello Yemen e alla vita da cui è fuggita.

Muzoon vive nel Regno Unito, dove è stata ricollocata con la sua famiglia. Ha avviato la campagna per l'istruzione dei bambini mentre viveva nei campi profughi in Giordania, dove ha conosciuto Malala, e in seguito è diventata la più giovane Goodwill Ambassador dell'UNICEF e la prima rifugiata a svolgere quel ruolo. Quando non sta viaggiando per il mondo per promuovere il diritto di ogni bambino all'istruzione studia Politica internazionale in un'università inglese.

Najla vive in un campo profughi a Shariya, nella provincia di Dohuk, in Iraq, con la sua famiglia e altri 18.000 sfollati. Benché ci sia una scuola in loco, lei non può frequentarla perché, a ventun anni, è troppo vecchia. Studiare nella vicina Mosul sarebbe molto pericoloso, data la violenza e i disordini. Sogna di andare al college, preferibilmente all'estero. Nel frattempo lei e la sorella progettano di aprire un salone di parrucchiera a Shariya.

María vive a Manuela Beltrán, in Colombia, con la madre e il fratello diciottenne. Un tempo lavorava in un *nail salon* ma si è licenziata perché sosteneva che non la pagavano in modo equo. Vuole andare al college per studiare Comunicazione o Istruzione della prima infanzia perché lo considera il modo migliore per tenere al sicuro la sua famiglia. Sogna di assicurarsi una carriera che contribuisca a mantenere lei e la madre in modo che non debbano mai più sperimentare fame o povertà.

Analisa vive con il fratellastro e la famiglia di quest'ultimo nel Massachusetts. Frequenta la scuola superiore e progetta di andare al college a studiare Infermieristica dopo che si diplomerà nel 2020. Sogna di diventare infermiera professionista per poter aiutare altre persone quando ne hanno maggiormente bisogno.

Marie Claire frequenta la Washington Adventist University di Takoma Park, nel Maryland, appena fuori Washington, dove studia Infermieristica. Il suo sogno è quello di lavorare con il programma infermieristico globale Sigma presso le Nazioni Unite, che le fornirebbe l'opportunità di operare con rifugiati sparsi per il mondo e in particolare nello Zambia. Vuole diventare medico e mentore sanitario per dare ad altri la speranza di poter seguire anch'essi i loro sogni.

Jennifer vive a Lancaster, in Pennsylvania, con il marito e i due figli. Diciassette membri della famiglia di Marie Claire abitano nelle vicinanze e sono tutti considerati parte della sua famiglia. Lei lavora tuttora come volontaria per il Church World Service, l'organizzazione che l'ha fatta entrare in contatto con Marie Claire e la sua famiglia.

Ajida vive nell'area Ghumdhum del campo profughi di Cox Bazar, in Bangladesh, con il marito e i tre figli. Sono tra gli oltre 700.000 profughi rohingya che vi risiedono. Lei e il marito lavorano per il Love Army: Ajida costruisce forni di argilla per gli altri profughi mentre suo marito fa parte della squadra addetta alle pulizie. I loro tre figli, di nove, sette e quattro anni, frequentano un centro di apprendimento temporaneo: non c'è una scuola adeguata disponibile per loro. Ajida non progetta di tornare nel suo paese.

Farah, di origini indiane, è nata in Uganda e cresciuta in Canada. Attualmente risiede a Londra, dove è CEO del Malala Fund, la cui missione è contribuire a creare un mondo in cui ogni bambina ha accesso a dodici anni di istruzione gratuita, sicura e di qualità. Nel corso della sua carriera ha ottenuto numerosi riconoscimenti per il servizio pubblico e per il suo impegno in favore dell'emancipazione di ragazze e donne. La sua più grande avventura è stata quella di scalare il Kilimangiaro.

Malala Yousafzai è cofondatrice e consigliere di amministrazione del Malala Fund. Ha iniziato la sua campagna a favore dell'istruzione a undici anni, quando ha tenuto un blog anonimo per la BBC in urdu raccontando della vita sotto i talebani nella valle dello Swat, in Pakistan. Ispirata dall'attivismo del padre ha iniziato ben presto a battersi per l'istruzione femminile, attirando l'attenzione dei media internazionali e ottenendo vari premi. A quindici anni è stata aggredita dai talebani per aver preso posizione pubblicamente. Si è ristabilita nel Regno Unito e ha proseguito la sua battaglia per i diritti delle ragazze. Nel 2013 ha fondato il Malala Fund con il padre Ziauddin. Un anno più tardi ha vinto il premio Nobel per la Pace in riconoscimento dei suoi sforzi per garantire a ogni ragazza dodici anni di istruzione gratuita, sicura e di qualità. Al momento studia alla Oxford University, seguendo il corso di laurea in Filosofia, Scienze politiche ed Economia.

# INDICE

Finito di stampare nel mese di gennaio 2019
da 🦁 Grafica Veneta s.p.a., Trebaseleghe (PD)